JN063051

最高裁判所判例解説

刑事篇

令和元年度

一般財団法人　法　曹　会

は し が き

1．本書は，最高裁判所判例集に登載された刑事判例（平成31年１月から令和元年12月までの分）の全部について，最高裁判所の調査官が判示事項，裁判の要旨等を摘示し，かつ，当該裁判について個人的意見に基づいて解説したもの（法曹時報第72巻第12号より第73巻第７号までに掲載）を集録したものである。

2．解説番号は，裁判の月日の順序である。

3．目次は裁判要旨の内容に従って，刑法，刑事訴訟法，刑事訴訟規則および諸法令（五十音順）の順に配列した。

4．見出しの次にある括弧内の刑集73巻とあるのは，最高裁判所判例集第73巻中の刑事判例集を意味する。

5．巻末に掲げた裁判月日索引は，裁判の月日，最高裁判所判例集の頁と本書における解説番号および頁とを対照したものである。

6．なお，本解説の担当者の氏名は，次のとおりである（五十音順）。

内藤恵美子，中尾佳久，吉戒純一

平成31年・令和元年度最高裁判所各法廷の構成

大　法　廷

裁判長　大谷直人

第一小法廷

裁判官　池上政幸
裁判官　小池　裕
裁判官　木澤克之
裁判官　山口　厚
裁判官　深山卓也

第二小法廷

裁判官　大谷直人
裁判官　鬼丸かおる
（2月6日限り退官）
裁判官　山本庸幸
（9月25日限り退官）
裁判官　菅野博之
裁判官　三浦　守
裁判官　草野耕一
（2月13日就任）
裁判官　岡村和美
（10月2日就任）

第三小法廷

裁判官　岡部喜代子
（3月19日限り退官）
裁判官　山﨑敏充
（8月30日限り退官）
裁判官　戸倉三郎
裁判官　林　景一
裁判官　宮崎裕子
裁判官　宇賀克也
（3月20日就任）
裁判官　林　道晴
（9月2日就任）

最高裁判所判例解説

刑事篇　令和元年度

目　　次

刑　　法（明治40年法律第45号）

第1編　総　　則

第11章　共　　犯

第2編　罪

第37章　詐欺及び恐喝の罪

刑事訴訟法（昭和23年法律第131号）

第3編　上　　訴

第2章　控　　訴

第374条

第3章　上　　告

第411条

刑事訴訟規則（昭和23年最高裁判所規則第32号）

第1編　総　　則

第6章　書類及び送達

第60条

諸　法　令

国際的な協力の下に規制薬物に係る不正行為を助長する行為等の防止を図るための麻薬及び向精神薬取締法等の特例等に関する法律（平成３年法律第94号）

第１章　総　　則

第２条

児童買春，児童ポルノに係る行為等の規制及び処罰並びに児童の保護等に関する法律（平成11年法律第52号）

第１章　総　　則

第２条

第２章　児童買春，児童ポルノに係る行為等の処罰等

第７条

道路交通法（昭和35年法律第105号）

第９章　反則行為に関する処理手続の特例

第４節　反則者に係る刑事事件等

第130条

〔1〕 交通反則告知書の受領を拒否したことにつき道路交通法130条2号に当たると解するのは信義に反するなどとして同号該当性を否定した原判決には法令の解釈適用を誤った違法があるとされた事例

（平成29年(あ)第67号　令和元年6月3日第一小法廷判決　破棄自判
第1審枚方簡裁　第2審大阪高裁　刑集73巻3号1頁）

〔判決要旨〕

道路交通法違反（赤色信号看過）被告事件において，被告人が交通反則告知書の受領を拒否したことにつき，被告人が，交通取締りの現場や逮捕後に引致された警察署で，警察官らに対面信号機が赤色であったことを示すパトカーの車載カメラ映像の提示を求めたことに対し，警察官らが，その映像が存在するにもかかわらず，そのようなものはないと述べたことがあったとしても，交通反則通告制度においては，道路交通法130条2号該当性を否定する事情とはならないというべきであるから，このような事情等を考慮し，一旦交通反則告知書の受領を拒んだ以上その効果は覆せず同号に当たると解するのは信義に反するなどとして，同号該当性を否定した原判決には，法令の解釈適用を誤った違法があり，刑訴法411条1号により破棄を免れない。
(補足意見がある。)

〔参照条文〕

道路交通法130条2号，刑訴法411条1号

〔解　　説〕

第1　事案の概要

1　本件は，赤色信号を看過して普通乗用自動車を運転して進行したという道路交通法違反の事案において，被告人が，交通反則告知書の受領を拒否したことにつき，同法130条2号該当性を否定した原判決には，法令の解釈適用を誤った違法があるとして，原判決を破棄し控訴を棄却した事案であ

る。

2　第1審判決が認定した犯罪事実の要旨

被告人は，平成27年7月12日午後8時11分頃，大阪府枚方市内の道路において，信号機の表示する信号を確認し，これに従うべき注意義務があるのにこれを怠り，過失により，信号機の表示する赤色の灯火信号を看過してこれに従わないで，停止線を越えて普通乗用自動車を運転して進行した。

第2　審理の経過等

1　第1審において，被告人及び弁護人は，事実関係を争わず，被告人は罰金9000円（換刑処分・1日5000円）に処せられた。

2　被告人は控訴し，訴訟手続の法令違反（第1審裁判所が，本件を交通反則通告手続にのせるため，検察官に公訴取消しの検討を求めなかったことが違法との主張），量刑不当を主張したところ，原審は，論旨の検討に先立ち，職権で判断すると，第1審の訴訟手続には不法に公訴を受理した違法があると認められるとして，刑訴法397条1項，378条2号により第1審判決を破棄し，本件公訴を棄却（刑訴法338条4号）した。その概要は以下のとおりである。

本件違反の内容は，過失による赤信号看過であり，性質上，違反した者にその自覚がないことが通常であり，違反をした者が，その場を通り過ぎてしばらくしてから違反を指摘されても，確認のしようがないことがままあり得る類型の違反である。本件において，被告人が直ちに違反の事実を確認できなかったことはやむを得ないものというべきであるから，被告人が警察官らに車載カメラの映像（以下「本件車載カメラ映像」という。）の確認を求めたことは，格別不当なことではない。ところが，本件の処理に当たった警察官らは，本件車載カメラ映像があったにもかかわらず，交通取締りの現場でも，逮捕後引致された警察署でも，そのようなものはないと言って，その提示を拒否したというのであるから，その対応は甚だ不誠実なものというほかない。被告人は，後日，検察官の取調べの際，本件車載カメラ映像を見せられると，次回の取調べで事実を認め，交通反則通告制度の適用を希望していることからも，警察官らが，その場で本件車載カメラ映像を示し，あるいは，その場で映像を再生することが困難であったならば，そのことを説明して，別途，映像を示す機会を与えるなどしておれば，被告人が交通反則告知書を受領していた可能性は十分あったものと思われる。そうすると，被告人が，交通反則告知書の受領を拒んだのは，警察官らの上記のような不誠実な対応がその一因を成しているというべきであるから，そのことを棚に上げ，一旦交通反則告知書の受領を拒んだ以上，その効果は覆せないなどとして，道路交通法130条2号所定の事由に当たると解するのは，信義に反する。警察官の不都合な対応が交通反則告知書の受領拒否の事態を招き，かつ，これによるあい路が解消された後，反則者が速やかに交通反則告知書受領の意思を示した本件のような場合は，反則者が一旦交通反則告知書の受領を拒むという事態があったとしても，同号所定の事由に当たらないと解するのが相当である。

これに対し，検察官が，判例違反，事実誤認，法令違反を主張して上告をした。

第3　当審判示

本判決は，検察官の上告趣意について，判例違反をいう点は，事案を異にする判例を引用するものであって，本件に適切でなく，その余は，単なる法令違反，事実誤認の主張であって，刑訴法405条の上告理由に当たらないとした上で，所論に鑑み，次のとおり職権判断を示し，原判決を破棄して自判し，本件控訴を棄却した。

「被告人は，警察官らが交通反則告知書の記載内容及び交通反則通告制度について説明をした際，赤色の灯火信号を看過した事実を否認して交通反則告知書の受領を拒否したのであるから，道路交通法130条2号に該当する事由があることは明らかである。なお，被告人が赤色の灯火信号を看過したことを示す証拠である本件車載カメラ映像の提示を求めたことに対し，それが存在するにもかかわらず，警察官らがそのようなものはないと述べたことがあったとしても，交通反則通告制度においては，同号該当性を否定する事情とはならないというべきである。したがって，第1審裁判所が不法に公訴を受理したものということはできない。

以上によれば，道路交通法130条2号に当たると解するのは信義に反するなどとして，同号該当性を否定した原判決には，法令の解釈適用を誤った違法があり，これが判決に影響を及ぼすことは明らかであって，原判決を破棄しなければ著しく正義に反すると認められる。」

第4　説　　明

1　交通反則通告制度について(注1)(注2)

交通反則通告制度は，大量に発生している自動車等の運転者の道路交通法に違反する行為について，刑事手続による処理を原則としつつ，その特例として，一定の範囲で，刑事手続に先行して，都道府県警察の警察本部長の行政的措置（通告）により，一定額の金員（反則金）を納付する機会を与え，これに応じて任意に反則金を納付した者については，当該違反行為について公訴を提起しないこととし，もって，事案の軽重に応じた合理的な処理方法をとると共に，事件の簡易迅速な処理を図ろうとするものである。(注3)

ただし，その例外として，道路交通法130条2号は，反則者が書面の受領を拒んだため告知や通告ができなかったときには，公訴の提起は妨げられない旨を規定している。同号の「受領を拒んだ」ときとは，書面を直接本人に交付しようとしたがこれを受け取らなかった場合，書面を郵送したところこれを返送してきた場合等のように，相手方の「受領を拒む」意思が外観上も明らかである場合のことをいうとされている。(注4)

本件は，この例外規定に該当するか否かが問題とされたものである。

（注1）　道路交通法は，車両等の運転者がした運転に関する違反行為であって，危険性の高い違反行為等を除いたものを「反則行為」とし（125条1項），反則行為を行った者のうち，無免許運転者等の一定の者を除外した者を「反則者」

として，交通反則通告制度の手続の適用を受ける者としている（同条2項）。

警察官は，反則者があると認めるときは，その者に対し，反則行為となる事実の要旨等を，告知書により速やかに告知し，警察本部長にその旨を報告する（126条）。警察本部長は，告知を受けた者が告知どおりの反則行為をしたと認めるときは，その者に対し，その反則行為が属する種別の反則金の納付を通告する（127条）。通告を受けた場合に，反則金を納付するかどうかは，任意である。通告を受けた者が所定の手続によって反則金を納付したときは，その通告の理由となった行為の事件については，公訴が提起されない（128条2項）。

なお，反則者の居所，氏名が不明のときなど告知をしない場合（130条1号），告知書や通告書の受領を拒否したり，居所が不明であったりするために告知や通告ができなかった場合（同条2号）は，この制度の手続を進めることができないので，通告がなくとも直ちに刑事訴追ができる（同条ただし書）。

（注2） 告知は，通告の予告である。通告は，警察本部長が反則者に対して反則金の納付を通知する行政上の措置であるが，反則者に対し反則金の納付を義務付けるものではない。反則金とは，道路交通法上の秩序を維持確保するために，行政機関としての警察本部長が，行政手続により，一定の交通秩序違反者たる反則者に対してその納付を通告する行政上の一種の制裁金であるが，過料などの典型的な秩序罰とは，その納付が任意であるとされている点で，その性質を異にする（吉田淳一・交通反則通告制度について（一）・法曹時報20巻6号20～21頁）。

（注3） 刑事裁判資料第182号・交通反則通告制度について2～7頁。吉田淳一・前掲（注2）12頁。なお，最高裁昭和57年7月15日第一小法廷判決・民集36巻6号1169頁も同旨の説示をしている。

（注4） 注解道路交通法［第4版］915頁

2 道路交通法130条2号該当性が問題となった高裁判例

道路交通法130条2号の「その者が書面の受領を拒んだ」に該当するか否かが問題とされたものとして，次の高裁判例がある。

（1） 高松高裁昭和46年9月21日判決・高刑集24巻3号564頁

上記判例は，駐車違反の事案に関し，第１審（赤岡簡裁昭和46年４月20日判決・判タ263号294頁）が，道路交通法130条２号に規定する書面の受領を拒むというのは，反則者が同法の反則制度により処理されることの利益を放棄する意思を表明することであって，単に現場において書面を受領しなかったというにすぎない場合は，これに該当しないと解するのが相当であるとしたのに対し，同号にいう受領を拒みとは，告知書等の書面を受領し得るにかかわらず，正当な理由がなくこれを受領しないことであり，かつ，それで足りると解すべきであるとして，被告人が，警察官から差し出された反則告知書及び納付書を受領しようとせず，警察官らの説得にも耳をかさず，これを受領しないで現場を退去している上記事案においては，同号に該当するとしたものである。

（２）東京高裁昭和50年９月25日判決・高刑集28巻４号396頁

上記判例は，信号無視の事案に関し，第１審（東京北簡裁昭和50年４月30日判決・高刑集28巻４号408頁）が，道路交通法130条２号にいう通告書の受領を拒んだというためには，たとえ反則者があらかじめ受領を拒否する意向を表明しているような場合であっても，前提として通告書が反則者の面前に現実に提示されることを要するとしたのに対し，交通反則の告知書に指定された通告の期日に出頭しなかった反則者に，所定の通告書送付手続を試みた後，反則金納付通告書をその面前に提示することなく，電話で通告書の受領を促したのに対し，反則者が受領を拒否する態度を明確にしている場合，さらに面前に通告書を提示して重ねて受領を促さなければ同号にいう受領を拒んだことにならないと解すべき根拠はなく，通告を受ける者が，通告書の宛名に人違いがある場合や通告書受領のため不当に過大な費用支弁を余儀なくされる場合等正当な理由がある場合を除き，同号及び同条但書により，直ちに公訴を提起することができ，また，通告に係る反則行為をしたことがないことは，通告書の受領自体を拒む正当の理由にならない旨判示したものである。

３　検　討

本件では，警察官らが交通取締りの現場や引致した警察署において本件車載カメラ映像の存否につき虚偽を述べたことが，道路交通法130条２号該当性の判断に影響を及ぼすかどうかが問題とされている。

前記のとおり，交通反則通告制度は，事件の簡易迅速な処理を図ろうとするものであり，同制度の処理手続では，警察官は反則者があると認めるときは書面により告知をすべきものとされ，他方で，反則者は告知を受けたからといって反則行為の存否を争えなくなるわけではなく，反則金を支払うか否かは反則者の任意とされている(注５)。また，池上裁判官の補足意見のとおり，交通反則通告制度において，反則者の求めに応じて反則行為を証する資料等を提示ないし教示することは求められておらず，交通取締りの現場や引致した警察署における警察官の活動は，司法警察職員としての捜査行為でもあるところ，捜査で収集された証拠について被疑者が開示を求めることのできる根拠もない(注６)。

以上を踏まえると，警察官らが本件車載カメラ映像の存否について虚偽を述べたことがあるとしても，その内容は，反則行為を証する資料等の存否に関するものであって，交通反則通告制度の手続を誤解させるようなものではなく，また，そのことによって反則者の権利が害されて交通反則告知書の受領を拒否する事態に至ったということもできない(注７)ように思われる。そうだとすると，警察官らが上記の虚偽を述べたことがあるとしても，交通反則告知書を受領する手続に与える影響はないということができ，道路交通法130条２号該当性を否定する事情とはならないものと考えられる。

法廷意見が「交通反則通告制度においては」としているのは，このような趣旨を含むものではないかと思われる。

(注５)　前記の（注１），（注２）参照

(注６)　交通反則通告制度の処理手続の法的性格については，基本的性格は行政手続であるが，その手続を進める主体である警察官は刑事訴訟法上の司法警察

職員として犯罪捜査の権限を有しており，かつ，反則行為は道路交通法の罪にあたる行為のうちの一部であるという意味でそれが犯罪であることに変わりはないのであるから，その警察官が反則行為についての証拠の収集・犯人の検挙等をするのは捜査機関としてなす捜査行為であり，他方，それが告知・通告という行政措置をなすための準備的調査活動であるという意味では，それは警察官の行政機関としての調査行為であるともいえ，結局，捜査手続と行政手続とが平行して行われているものと考えられるとの説明がなされている（注釈特別刑法［第1巻］（総論編）694頁，注釈特別刑法［第6巻］（交通法・通信法編Ⅰ）503頁，吉田淳一・交通反則通告制度の解説18頁）。池上裁判官の補足意見は，このような交通反則通告制度の処理手続の法的性格を意識した上で，分析的な検討を示したものと思われる。

（注7） 例えば，警察官が，反則者に対し，交通反則告知書を一旦受領すると，違反事実について争うことができなくなる，あるいは反則金を支払わなければならなくなると告げ，それを信じた反則者が交通反則告知書の受領を拒んだような場合には，道路交通法130条2号該当性を例外的に否定すべき事情があるようにも思われるが，このような場合は，むしろ有効な告知手続がなされていないということができる。このように考えると，同号該当性を例外的に否定すべき事情が認められる場合というのは，なかなか想定し難いと思われる。

4　本判決の意義

交通反則通告制度に関する判断を示した最高裁判例としては，行政処分取消事件において「反則金の納付の通告は抗告訴訟の対象とならない」旨判示した判例（最高裁昭和57年7月15日第一小法廷判決・前掲（注3））があるものの，刑事事件で判断を示したものはこれまでなく，高裁判例も，前記のとおり，昭和時代のものが2件ある程度である。犯罪白書（令和元年版）によれば，平成30年中に反則事件として告知された件数は約574万件にのぼることも踏まえると，本件は事例判例ではあるが，道路交通法130条2号の解釈適用について一定の示唆を与えるものであり，交通反則事件を処理する現場実務への影響もあるものと考えられる。

（後注） 本判決の評釈等として知り得たものとして，①髙倉新喜「交通反則告知書の受領拒否（道交法130条2号）の成否」法学セミナー778号122頁，②米田雅宏「交通反則告知書交付にあたり反則者の求めに応じて警察官が提示すべき資料・証拠等の範囲」ジュリスト臨時増刊令和元年度重要判例解説42頁，③宮木康博「交通反則告知書の受領拒否と公訴提起の効力」同重要判例解説174頁，④野口貴公美「交通反則告知書の交付手続において警察官が提示すべき資料の範囲」法学教室468号134頁，⑤大竹将之「判例評釈」警察公論74巻11号86頁がある。

（中尾　佳久）

〔2〕 詐欺の被害者が送付した荷物を依頼を受けて送付先のマンションに設置された宅配ボックスから取り出して受領するなどした者に詐欺罪の故意及び共謀があるとされた事例

(平成30年(あ)第1224号　令和元年9月27日第二小法廷判決　破棄自判
第1審静岡地裁浜松支部　第2審東京高裁　刑集73巻4号47頁)

〔判決要旨〕

宅配便で現金を送付させてだまし取る特殊詐欺において，被告人が依頼を受け，他人の郵便受けの投入口から不在連絡票を取り出すという著しく不自然な方法を用いて，送付先のマンションに設置された宅配ボックスから荷物を取り出した上，これを回収役に引き渡すなどしていること，他に詐欺の可能性の認識を排除するような事情も見当たらないことなどの本件事実関係（判文参照）の下では，被告人には，詐欺の故意に欠けるところはなく，共犯者らとの共謀も認められる。

〔参照条文〕

刑法60条，246条1項

〔解　　説〕

第1　事案の概要

本件は，被告人が，現金送付型の特殊詐欺において，氏名不詳者らと共謀の上，Aから2回にわたり現金合計350万円をだまし取り（詐欺既遂事件），その後，Cから現金をだまし取ろうとしたが，その目的を遂げなかった（詐欺未遂事件）との事実について起訴された事案である。被告人は，上記各事件において，受取人不在のため現金送付先のマンションに設置された宅配ボックスに預けられた現金在中の荷物を取り出す役割を担っていたものである。

第2　審理経過

1　第1審判決

〔2〕 詐欺の被害者が送付した荷物を依頼を受けて送付先のマンションに設置された宅配ボックスから取り出して受領するなどした者に詐欺罪の故意及び共謀があるとされた事例

第1審判決は，詐欺の故意及び共謀を争う被告人の主張を排斥し，要旨以下のとおりの(1)の詐欺既遂及び(2)の詐欺未遂の各犯罪事実を認定し，覚せい剤取締法違反の罪と併せて被告人を懲役4年8月に処した。

（1）被告人は，架空の老人介護施設の入居権譲渡に関する問題を解決するために必要であるように装って現金をだまし取ろうと考え，氏名不詳者らと共謀の上，平成28年10月下旬頃から同年11月21日頃までの間，複数回にわたり，A方に電話をかけ，A（当時71歳）に対し，ケアプランナー及び建設会社の職員を名乗り，Aが前記入居権譲渡に関して名義貸しをしたことによる問題を解決するため，現金350万円を東京都江東区内のマンション（以下「本件マンション」ともいう。）の1303号室B宛てに宅配便で2回に分けて送付する必要がある旨うそを言い，Aにその旨誤信させ，同月17日及び同月21日の2回にわたり，前記B宛てに現金合計350万円在中の荷物を宅配便で発送させ，同月18日及び同月22日の2回にわたり，被告人が，前記マンションに設置された宅配ボックスに預けられた前記荷物を取り出してAから現金合計350万円の交付を受け，もって人を欺いて財物を交付させた。

（2）被告人は，架空の老人介護施設の入居権に関する取引実績作りの名目で現金をだまし取ろうと考え，氏名不詳者らと共謀の上，平成28年12月上旬頃から同月6日頃までの間，複数回にわたり，C方に電話をかけ，C（当時77歳）に対し，ケアプランナー及び建設会社の職員を名乗り，Cが有するとする入居権を他の入居希望者に譲渡した対価をCに振り込む前提として，建設会社との取引実績を作るため，現金150万円を東京都北区内のマンションの303号室D宛てに宅配便で送付する必要がある旨うそを言い，Cにその旨誤信させ，同月6日，前記D宛てに現金150万円在中の荷物を宅配便で発送させ，同月7日，被告人が，前記マンションに設置された宅配ボックスに預けられた前記荷物を取り出してCから現金をだまし取ろうとしたが，Cが警察に相談するなどして前記荷物の中に偽装紙幣を入れていたため，その目的を遂げなかった。

2　原判決

被告人が訴訟手続の法令違反，事実誤認を理由に控訴したところ，原判決は，第１審判決が詐欺未遂事件について被告人に詐欺の故意及び共謀を認めた点に事実誤認はないが，詐欺既遂事件について被告人に詐欺の故意及び共謀を認めた点には事実誤認があるとして，第１審判決を破棄し，詐欺既遂事件について無罪を言い渡した。その理由の要旨は，以下のとおりである。

第１審判決は，詐欺未遂事件について被告人は詐欺の未必の故意を有していたと推認できることを基礎とし，①詐欺未遂事件と詐欺既遂事件が同一の詐欺グループによる犯行と推認されること及び②被告人が詐欺既遂事件において荷物を取り出す際に，詐欺未遂事件の犯行時に通話していたのと同一の電話番号の相手と通話していたことを理由として，被告人は詐欺既遂事件についても詐欺の未必の故意及び共謀があったことを推認している。

しかしながら，詐欺未遂事件の際に存在した事情から被告人に当時詐欺の故意が認められるからといって，当然に被告人に詐欺既遂事件の際に詐欺の故意があったといえないことは明らかであり，上記①，②の事実は，被告人が，詐欺既遂事件の際にも，詐欺未遂事件の際と同じ認識を有していたことを推認させる事実とは認められない。詐欺既遂事件については，詐欺既遂事件の際に認められる諸事情に限定して，そこから被告人に詐欺の故意，共謀が認められるかどうかを検討すべきであり，上記諸事情からは，被告人が，詐欺の被害者が送った荷物を取り出しているのかもしれないという認識に至ると推認するには足りない。最低限，以前から同じような取出しを繰り返していたとか，別のマンションでも同じような取出しをしていたなどの事実が加わらなければ，詐欺の被害者が送った荷物を取り出しているのかもしれないという詐欺の故意の推認に結び付く発想に至らないのであって，詐欺の未必的な認識まで推認するには，合理的な疑いが残る。

これに対し，検察官が上告した。

第３　当審判示

〔2〕 詐欺の被害者が送付した荷物を依頼を受けて送付先のマンションに設置された宅配ボックスから取り出して受領するなどした者に詐欺罪の故意及び共謀があるとされた事例

本判決は，検察官の上告趣意は判例違反をいう点を含め，実質は単なる法令違反，事実誤認の主張であって，適法な上告理由に当たらないとした上で，所論に鑑み職権で調査し，以下のとおり，詐欺既遂事件について，被告人には詐欺の故意に欠けるところはなく，共犯者らとの共謀も認められるから，原判決は重大な事実誤認をしたというべきであるとして原判決を破棄し，被告人の控訴を棄却する自判をした（裁判官全員一致の意見によるものである。）。

1　まず，本判決は，第1審判決，原判決の認定及び記録に基づき，詐欺既遂事件の事実関係について，以下のとおり確認した。

（1）本件マンションのエントランスには，オートロック式の自動ドアとインターフォン機器のほか，集合郵便受け及び宅配ボックスが設置されている。同郵便受けのエントランス側（表側）には郵便物等の投入口があるが，郵便物等の受取は，オートロックを解錠して自動ドアからマンションのエレベーターホールに入り，同郵便受けの裏側から行う構造となっている。

また，荷物の配達時に名宛人である居住者が不在であった場合には，宅配業者は，荷物を宅配ボックスに入れ，暗証番号を設定して施錠した上，不在連絡票に暗証番号を記入してこれを名宛人の郵便受けに投函し，名宛人は，郵便受けから不在連絡票を取り出し，そこに記載された暗証番号を用いて宅配ボックスから荷物を受け取る仕組みとなっている。(注1)

（2）被告人は，荷物受取の依頼を受け，平成28年11月18日，本件マンションのエントランスに入り，1303号室の郵便受けの投入口から宅配便の不在連絡票を取り出し，そこに記載された暗証番号を用いて宅配ボックスの扉を開け，Aが送付した現金在中の荷物を取り出し，その後，同荷物を回収役に渡した。

（3）被告人は，荷物受取の依頼を受け，同月22日にも，本件マンションのエントランスに入り，1303号室の郵便受けの投入口から不在連絡票を取り出し，そこに記載された暗証番号を用いて宅配ボックスの扉を開け，Aが送付した現金在中の荷物を取り出し[注2]，その後，同荷物を回収役に渡した（以下，Aが送付した各荷物を「本件各荷物」という。）。

なお，被告人は，上記各受取の際に，携帯電話を使用して，詐欺未遂事件の荷物受取の際に通話していたのと同一の電話番号の相手と通話していた。

（４）上記1303号室は，Bではない前入居者が同月18日を解約日として退去した後，同月中の入居者はいなかった。

2　この事実関係を前提として，本判決は，被告人の詐欺の故意の推認について，次のとおり判示した。

「被告人は，依頼を受け，他人の郵便受けの投入口から不在連絡票を取り出すという著しく不自然な方法を用いて，宅配ボックスから荷物を取り出した上，これを回収役に引き渡しており，本件マンションの居住者が，わざわざ第三者である被告人に対し，宅配ボックスから荷物を受け取ることを依頼し，しかも，オートロックの解錠方法や郵便受けの開け方等を教えるなどすることもなく，上記のような方法で荷物を受け取らせることは考え難いことも考慮すると，被告人は，依頼者が本件マンションの居住者ではないにもかかわらず，居住者を名宛人として送付された荷物を受け取ろうとしていることを認識していたものと合理的に推認することができる。以上によれば，被告人は，送り主は本件マンションに居住する名宛人が荷物を受け取るなどと誤信して荷物を送付したものであって，自己が受け取る荷物が詐欺に基づいて送付されたものである可能性を認識していたことも推認できるというべきである。」

「原判決は，詐欺既遂事件については，詐欺既遂事件の際に存在した諸事情に限定して，被告人に詐欺の故意が認められるかどうかを検討すべきであるとした上，最低限，以前から同じような取出しを繰り返していたとか，別のマンションでも同じような取出しをしていたなどの事実が加わらなければ，詐欺の被害者が送った荷物を取り出しているのかもしれないという，詐欺の故意に結び付く発想には至らないというが，事後的な事情を含めて詐欺の故意を推認することができる場合もあり得る上，以上のような本件の事実関係に照らせば，原判決が指摘する事実は，被告人の詐欺の故意を推認するのに不可欠なものとはいえない。」

3　さらに，本判決は，「Bから荷物の受取を依頼された」旨の被告人の供述は信用できず，「それ以外に上記の詐欺の可能性の認識を排除するような事情も見当たらない」旨説示した。

4　その上で，本判決は，「被告人は，自己の行為が詐欺に関与するものかもしれないと認識しながら本件各荷物を取り出して受領したものと認められるから，詐欺の故意に欠けるところはなく，共犯者らとの共謀も認められる」と結論付けた。

（注1）　上告趣意によれば，上記自動ドア及び郵便受けはいずれも暗証番号で解錠する仕組みとなっていたとされている（ただし，これを立証するための証拠の取調請求は原審で却下されている。）。

（注2）　被告人はこの2回目の取出しの際には手袋を着用していた（原判決の認定。刑集73巻4号118頁参照）。

第4　説　　明

1　詐欺の故意及び共同正犯について

故意があるというためには，構成要件該当事実について全て認識（予見）していることが必要であり，詐欺罪（刑法246条1項）については，相手方を欺いて錯誤に陥らせ，それに基づく処分行為によって財物を交付させ，自己（又は第三者）が占有を取得すること及びその間の因果関係について認識していることが必要であると解される。もっとも，その認識は，確定的なものではなく未必的なもので足りるし，概括的であってもよいと解される。(注3)

また，故意の共同正犯の主観的要件としては，他の分担者が担当する構成要件該当事実の認識が必要であるが，犯罪計画の詳細を全て認識している必要はなく，共犯者が施した詐欺の手段や具体的な欺罔行為の内容，共犯者の役割等について逐一認識がない場合にも，詐欺罪の共同正犯としての責任は免れないとされている。(注4)

以上の理解を前提として，直接交付型や送付型の特殊詐欺の事案において被害者や宅配業者等から金品を受領する者（いわゆる受け子）については，被害者が誤信に基づき交付する財物を受け取ること及びその誤信が共犯者の欺罔行為により生じたことの未必的な認識があれば，詐欺の故意（及び共謀）が認められると解されている。(注5)

（注3） 以上につき，山口厚・刑法総論第3版202頁以下，大コンメンタール刑法第三版第13巻129頁。なお，最二小決平成2年2月9日裁判集刑事254号99頁は，被告人に密輸入して所持した物件が「覚せい剤を含む身体に有害で違法な薬物類」であるとの認識があった場合には，「覚せい剤かもしれないし，その他の身体に有害で違法な薬物かもしれないとの認識はあったことに帰することになる。そうすると，覚せい剤輸入罪，同所持罪の故意に欠けるところはない」旨説示しており，概括的故意の一種を認めたものと理解されている（原田國男「覚せい剤輸入罪及び所持罪における覚せい剤であることの認識の程度」ジュリスト958号81頁）。

（注4） 品田智史「特殊詐欺事案における故意と共謀」阪大法学68巻3号647頁，前掲大コンメンタール刑法156頁。

（注5） 前掲品田652頁，江見健一「特殊詐欺の受け子の罪責に関する諸問題（下）」警察学論集72巻12号29頁，蛭田円香・最判解刑事篇平成30年度220頁。

2　裁判例の動向等

受け子に詐欺の故意及び共謀が認められるかについては，従前から多数の下級審裁判例で争点となっており（その背景として，特殊詐欺グループ内の役割分担が細分化されており，受け子が他の関与者や欺罔行為の具体的内容等を知らされていなかったり，検挙された場合の弁解方法を事前に指示されたりしていることなどが指摘されている。)，近年は，詐欺の故意及び共謀を認める高裁判決が相次いで現れていた。(注6) このような中，最三小判平成30年12月11日刑集72巻6号672頁及び最二小判平成30年12月14日刑集72巻6号737頁は，事実関係には相違があるものの，いずれも現金送付型特殊詐欺の事案において，要旨，被告人が指示又は依頼を受けて，配達される荷物を名宛人になりすまして受け取り，回収役に渡す行為を複数回繰り返して報酬を受け取っていた事実は，荷物が詐欺を含む犯罪に基づき送付されたことを十分に想起させるものであり，被告人は自己の行為が詐欺に当たる可能性を認識していたことを強く推認させるとした上で，詐欺の可能性があるとの認識が排除されたことをうかがわせる事情は見当たらないとして，詐欺の故意及び共謀を認め，これらを否定した各原判決を破棄していた。

他方，本判決当時，被告人のように，宅配ボックスを利用した現金送付型特殊詐欺の事案において受け子と類似の役割(注7)を果たした者について詐欺の故意及び共謀が認められるかが争点となった先例は見当たらない状況であった。

(注6) 上告趣意が引用している大阪高判平成30年1月12日高等裁判所刑事裁判速報集平成30年273頁（後に上告棄却）等がある。受け子の詐欺の故意の認定に関する文献については，後記最三小判平成30年12月11日及び最二小判平成30年12月14日の評釈等を含め，前掲蛭田222頁，223頁に記載されたもの等を参照されたい。

(注7) 宅配ボックス利用型においては，被害金在中の荷物が宅配ボックスに入れられた時点で詐欺罪が既遂になると解すると，その後に荷物を取り出した者について共同正犯が成立するかが問題となり得る。しかし，本件においては，判示の事実関係に照らして，本件マンションの宅配ボックスに本件各荷物が入れられたことをもって本件各荷物が犯人らの支配内に置かれたものと認めるのは困難であり，被告人が本件各荷物を取り出して受領した時点でその占有が移転し，詐欺罪が既遂に達すると解されるから，上記の問題は生じないというべ

きであろう。上記の問題については，橋爪隆「特殊詐欺の『受け子』の罪責について」研修827号７頁，後掲半田21頁に関係する記載がある。

3　本判決の内容

（１）本判決が詐欺既遂事件について被告人の詐欺の故意及び共謀を認定した理由を改めて整理すると，次のとおりである。すなわち，①被告人は，依頼を受け，他人の郵便受けの投入口から不在連絡票を取り出すという著しく不自然な方法を用いて，宅配ボックスから荷物を取り出した上，これを回収役に引き渡しており，②本件マンションの居住者が，第三者である被告人に対し，宅配ボックスから荷物を受け取ることを依頼し，しかも，オートロックの解錠方法や郵便受けの開け方等を教えるなどすることもなく，上記のような方法で荷物を受け取らせることは考え難いことも考慮すると，③被告人は，依頼者が本件マンションの居住者ではないにもかかわらず，居住者を名宛人として送付された荷物を受け取ろうとしていることを認識していたものと合理的に推認できる。以上によれば，④被告人は，送り主は本件マンションに居住する名宛人が荷物を受け取るなどと誤信して荷物を送付したものであって，自己が受け取る荷物が詐欺に基づいて送付されたものである可能性を認識していたことも推認できる。被告人の供述を含め，上記の詐欺の可能性の認識を排除するような事情は見当たらない。したがって，被告人には詐欺の故意に欠けるところはなく，共犯者らとの共謀も認められる。

①ないし③は，本件マンションの宅配ボックスの仕組み等の判示の事実関係を踏まえた判断であり，荷物の送り主の通常の行動（送り主は，通常，一定の事情を基礎として，送付先に居住する名宛人が荷物を受け取ることを想定して荷物を送付するのであり，名宛人以外の者が荷物を受け取ることを知っていれば荷物を送付するはずがないことは常識といえる。）に照らせば，①ないし③から④が導かれることも容易に理解することができよう。(注８)(注９)

〔2〕 詐欺の被害者が送付した荷物を依頼を受けて送付先のマンションに設置された宅配ボックスから取り出して受領するなどした者に詐欺罪の故意及び共謀があるとされた事例

（注8） 被告人が依頼を受けて本件各荷物を受領するなどしたことに照らせば，被告人は，送り主が上記のように誤信して本件各荷物を送付した原因に依頼者等が関与していること，すなわち送り主が依頼者等に欺罔されていることの可能性についても認識していたものと推認することができる。

（注9） 本件各荷物の取出しについて，詐欺以外の犯罪行為（窃盗，禁制品〔違法薬物，拳銃等〕の受領行為等）であるという想定をすることも可能であるが（ただし，被告人自身は，そのような弁解はしていない。），かかる想定は詐欺の未必の故意と併存し得るものであるから，本判決は，詐欺の可能性の認識を排除するような事情は見当たらない旨説示したものと解される（なお，禁制品の授受については，多くの場合，送り主に対し真実の受領者を秘匿する必要はなく，あえて相当のコストとリスクを伴う本件のような送付方法を採ることは多くないようにも思われる。）。

（2）他方，本判決は，原判決が詐欺の未必的な認識を推認するために「最低限」加わる必要があるとした事実，すなわち被告人が以前から同じような荷物の取出しを繰り返していたとか，別のマンションでも同じような荷物の取出しをしていたなどの事実（原判決は，この事実を詐欺既遂事件と詐欺未遂事件の結論を分ける分水嶺としている。）は，本件の事実関係に照らせば，被告人の詐欺の故意を推認するのに不可欠なものとはいえないとした。また，本件においては，証拠上，被告人が報酬を受け取ったとは認められない（第1審判決，原判決もかかる事実を認定していない。）。これに対し，前記最三小判平成30年12月11日及び最二小判平成30年12月14日は，いずれも被告人が同様の受領行為を繰り返して報酬を受け取っていたことを詐欺の故意を推認させる重要な事実として指摘しているが，これはあくまで各事案の事実関係に即した判断を示したものと理解すべきであろう。(注10)

また，本判決は，原判決が詐欺既遂事件については詐欺の故意及び共謀の認定資料は詐欺既遂事件の際に認められる諸事情に限定すべきである旨説示した点についても，事後的な事情を含めて詐欺の故意を推認することができる場合もあり得ると指摘した。判文上，本判決が，詐欺既遂事件についてその後の詐欺未遂事件に特有の事情を考慮して詐欺の故意を推認したものではないことは明らかであるが，原判決の上記説示は，その理解次第では，詐欺の故意及び共謀の認定に当たって考慮できる事情を不当に制限するものになりかねないことから，特に指摘をしたものと思われる(注11)（合理的に詐欺の故意の推認に用いることができる事後的な事情として，例えば，受け子が，現金受領後に，同現金が詐欺の被害金であることを受領の際に認識していたことをうかがわせる内容のメール等を送信していたことなどが考えられる。）。

（注10）　前掲蛭田222頁参照。なお，本判決が，前記最三小判平成30年12月11日及び最二小判平成30年12月14日と同様，（同じ手口による）特殊詐欺の周知性という事情を推認の根拠としていないことは明らかである。

（注11）　したがって，本判決は，いわゆる類似事実による事実認定について特定の見解を示したものではない。

（３）本判決は，原判決を破棄して被告人の控訴を棄却しているが，第１審判決が詐欺既遂事件について被告人の詐欺の故意及び共謀を認定した理由を是認したわけではないことには留意が必要である。すなわち，第１審判決は，原判決が前記のように摘要した理由により詐欺既遂事件について被告人の詐欺の未必の故意を推認しているが(注12)，詐欺未遂事件における被告人の荷物取出し前後の不自然な行動（周囲の警戒，ゴム手袋の着用，逃走等）や，特殊詐欺において被害金を宅配便で送付させることやだまされたふり作戦が典型的な場面であるといった事情（詳細は第１審判決の説示〔刑集73巻４号108頁ないし109頁〕参照）から同事件で詐欺の未必の故意が推認できるとしても，同事件より前の詐欺既遂事件についても当然に詐欺の未必の故意が推認できるわけではなく，両事件が同一の詐欺グループによる犯行と推認されることや被告人が両事件で同一の電話番号の相手と通話していたことを併せることによって詐欺既遂事件について詐欺の未必の故意を推認できる合理的な理由も説明されていないのであり，原判決もこれと同旨の指摘をしたものと解される。この点も考慮して，本判決は，「原判決は第1審判決の事実認定が論理則，経験則等に照らして不合理であることを十分に示したものと評価することはできず，第1審判決に事実誤認があるとした原判断には刑訴法382条の解釈適用を誤った違法がある」として同法411条1号により原判決を破棄するのではなく（このような判断をしたものとして，最一小判平成24年2月13日刑集66巻4号482頁等がある。），原判決は重大な事実誤認をしたとして同条3号により原判決を破棄し，詐欺既遂事件について被告人に詐欺の故意及び共謀を認めた第1審判決の判断は，「その結論において」是認することができるとしたものと推察される。(注13)

(注12)　第1審判決が前記のように時系列を遡るような認定手法を採った理由としては，時系列と関わりなく，起訴された順に，犯罪事実が認められるか否かを検討したこと等が考えられる（刑集73巻4号103頁ないし104頁，108頁ないし111頁参照）。

(注13)　原判決は，詐欺既遂事件について被告人に詐欺の未必的故意及び共謀を認定した第1審判決の判断構造及び推認過程は論理則，経験則等に照らして不合理であるとし，同事件の際に認められる諸事情に限定して検討すべきであるとの判断枠組みを示した上，第1審判決が認定した事実及び記録上認められる事実を前提として詐欺の故意及び共謀が認められるか否かを検討しており，上告趣意がいうように単純に自己の心証を第1審の心証に優先させて結論を導いたものとは見られない。

4　本判決の意義

特殊詐欺の事案においては，詐欺の故意及び共謀の推認過程を的確に把握し，間接事実の重みを適切に評価することが困難な場合も少なくないと思われる。本判決は，具体的な事実関係を前提としたものではあるが，原判決の判断枠組みの不合理な点を指摘し，上記推認過程を具体的かつ明確に説明するものであり，同種事案の参考になるものと思われる。

（後注） 本判決の評釈等として接し得たものとして，十河太朗「判批」法学教室473号131頁，品田智史「判批」法学セミナー781号123頁，前田雅英「判批」捜査研究832号２頁，髙橋朋「判批」警察公論74巻12号87頁，吉田誠「判批」研修859号49頁，玄守道「判批」速判解〔法学セミナー増刊〕27号161頁，中川武隆「判批」判例秘書ジャーナル・文献番号 HJ200024，大庭沙織「判批」刑事法ジャーナル64号95頁，半田靖史「受け子の故意と共謀の認定」法律時報92巻12号15頁，菅沼真也子「判批」商学討究71巻２・３号187頁，冨川雅満「特殊詐欺における受け子の故意の認定」法学セミナー793号29頁がある。

（吉戒　純一）

〔3〕 ひそかに児童買春，児童ポルノに係る行為等の規制及び処罰並びに児童の保護等に関する法律２条３項各号のいずれかに掲げる児童の姿態を電磁的記録に係る記録媒体に記録した者が当該電磁的記録を別の記録媒体に記録させて児童ポルノを製造する行為と同法７条５項の児童ポルノ製造罪の成否

（平成31年(あ)第506号　令和元年11月12日第一小法廷決定　棄却
第１審名古屋地裁　第２審名古屋高裁　刑集73巻５号125頁）

〔決定要旨〕

ひそかに児童買春，児童ポルノに係る行為等の規制及び処罰並びに児童の保護等に関する法律２条３項各号のいずれかに掲げる児童の姿態を電磁的記録に係る記録媒体に記録した者が，当該電磁的記録を別の記録媒体に記録させて児童ポルノを製造する行為は，同法７条５項の児童ポルノ製造罪に当たる。

〔参照条文〕

児童買春，児童ポルノに係る行為等の規制及び処罰並びに児童の保護等に関する法律２条３項，７条２項，５項

〔解　　説〕

第１　事案の概要

１　本件は，①露天風呂に入浴中の児童らの全裸姿態をビデオカメラで盗撮し，その動画データをビデオカメラの記録媒体等に記録した者が，後日，その電磁的記録を別の記録媒体である外付けハードディスクに記録して児童ポルノを製造したという，児童買春，児童ポルノに係る行為等の規制及び処罰並びに児童の保護等に関する法律（以下「児童ポルノ法」という。）７条５項所定の児童ポルノ製造の事案と，②わいせつ兼児童ポルノを内容とする電磁的記録（児童ポルノを内容とする画像データ２点，わいせつ兼児童ポルノを内

容とする画像データ４点）に係る記録媒体である外付けハードディスク１台を，不特定多数人に有償頒布する目的で所持したという事案である。

２　原判決が認定した罪となるべき事実の要旨

被告人は，

①　共犯者と共謀の上，平成28年４月９日，兵庫県内の温泉北側森林内において，温泉に入浴中の女児５名がいずれも18歳に満たない児童であることを知りながら，ひそかに，児童らの全裸の姿態を，望遠レンズを取り付けたビデオカメラで動画撮影し，その電磁的記録である動画データを同ビデオカメラの記録媒体等に記録した上，同年５月１日，愛知県内の被告人方において，動画データをその記録媒体等からパーソナルコンピュータを介して外付けハードディスクに記録して保存し，もって，ひそかに児童ポルノを製造した（①事実）。

②　不特定多数の者に提供有償頒布目的で，平成30年２月20日，愛知県内の被告人方において，児童ポルノを内容とする画像データ２点及びわいせつ兼児童ポルノを内容とする画像データ４点の合計６点の画像データ（電磁的記録）に係るわいせつ物兼児童ポルノである外付けハードディスク１台（記録媒体）を所持した（②事実）。

第２　審理の経過

１　第１審において，弁護人は，事実関係を争わず，被告人は懲役２年，４年間執行猶予，付保護観察に処せられた。

２　被告人は控訴し，理由不備，訴訟手続の法令違反，法令適用の誤り，事実誤認，量刑不当と多岐にわたる主張をしたところ，原判決は，職権判断として，②事実について，第１審判決は審判の請求を受けない事件について判決をしたから破棄を免れないとした(注１)(注２)上で，①事実について，児童ポルノ製造罪は成立しないとの所論に対し，「ひそかに同法〔児童ポルノ法〕２条３項３号の姿態を電磁的記録に係る記録媒体に描写した（温泉施設の盗撮がこれに当たること明らか）者が当該電磁的記録を別の記録媒体に保存させて（被告人方での外付けハードディスクへの保存がこれに当たること明らか）児童ポルノを製造する行為は同法7条5項に当たる。」との判断を示し，被告人を懲役2年，4年間執行猶予，付保護観察に処した。

3　これに対し，被告人は，①事実について，児童ポルノ製造罪は成立しないなどと主張して上告した。

（注1）　原判決は，第1審判決が，検察官がわいせつ電磁的記録有償頒布目的保管で処罰を求めず，児童ポルノ法違反のみでの処罰を求めた電磁的記録2点につき，前者の罪も成立するとしたことを指摘し，審判の請求を受けない事件について判決をした，としている。

（注2）　原判決は，検察官は「保管」罪に該当するとして起訴しているが，被告人は電磁的記録に係る記録媒体（外付けハードディスク）を所持したのであるから，「保管」罪ではなく「所持」罪が成立するというべきところ，「所持」罪を認定するについて訴因変更は不要であるとして，②事実を認定している。

第3　当審判示

本決定は，弁護人の上告趣意のうち，児童ポルノ法7条5項の規定について憲法21条1項違反をいう点は，児童ポルノ法7条5項が表現の自由に対する過度に広範な規制であるということはできないから，前提を欠き，その余は，憲法違反をいう点を含め，実質は単なる法令違反，量刑不当の主張であって，刑訴法405条の上告理由に当たらないとした上で，「ひそかに児童ポルノ法2条3項各号のいずれかに掲げる児童の姿態を電磁的記録に係る記録媒体に記録した者が，当該電磁的記録を別の記録媒体に記録させて児童ポルノを製造する行為は，同法7条5項の児童ポルノ製造罪に当たると解するのが相当である。」との職権判断を示し，これと同旨の原判断は正当として是認できるとして，本件上告を棄却した。

第4　説　　明

1　問題の所在

児童ポルノ法7条5項の製造罪（以下「5項製造罪」という。）は，平成26年7月15日施行の改正法によって新設されたもので，盗撮により児童ポルノを製造する行為を処罰するというものである。

「児童ポルノ」とは，写真，電磁的記録に係る記録媒体その他の物であって，児童ポルノ法2条3項各号のいずれかに掲げる児童の姿態を視覚により認識することができる方法により描写したものをいう（同法2条3項）。また，児童ポルノの「製造」とは，児童ポルノを作成することをいい，児童ポルノの複製，フィルムの現像，ネガ・フィルムのプリントも「製造」に当たるとされている。(注3)

しかし，5項製造罪については，「ひそかに……児童の姿態を写真，電磁的記録に係る記録媒体その他の物に描写することにより」というように，製造手段が限定されているため，盗撮により製造した児童ポルノを基にして，その電磁的記録を他の記録媒体へ記録保存する二次的製造行為については，「ひそかに……製造した」ものとはいえず，5項製造罪は成立しないのではないか，という問題が生じる。

（注3）　森山眞弓ほか「よくわかる改正児童買春・児童ポルノ禁止法」98頁，園田寿「解説児童買春・児童ポルノ処罰法」47頁

2　4項製造罪に関する議論

5項製造罪と同じように製造手段が限定されている児童ポルノ法7条4項の製造罪（児童に全裸姿態等をとらせ，これを記録媒体等に描写することにより児童ポルノを製造する罪。以下「4項製造罪」という。）においても，本件と同様，二次的製造行為について同罪が成立するか否かという問題があった。

4項製造罪に関する立法関与者の解説を見ると，「『製造』とは，児童ポルノを作成することをいいますが，第3項〔平成26年改正により項ずれがあ

り，現行法では4項〕では，『児童に第2条第3項各号のいずれかに掲げる姿態をとらせ，これを写真，電磁的記録に係る記録媒体その他の物に描写することにより』との手段の限定がありますので，複製は除外されます。(注4)」，「複製を除き，児童に一定の姿態をとらせ，これを写真等に描写し，よって児童ポルノを製造する行為については処罰する規定を新設した(注5)」とされており，4項製造罪について複製は除外されるとの見解が示されていた。

このような中，最高裁第三小法廷平成18年2月20日決定・刑集60巻2号216頁（以下「平成18年判例」という。）は，「法2条3項各号のいずれかに掲げる姿態を児童にとらせ，これを電磁的記録に係る記録媒体に記録した者が，当該電磁的記録を別の記録媒体に記憶させて児童ポルノを製造する行為は，法7条3項の児童ポルノ製造罪に当たる」として，3項（現行法では4項）製造罪の成立を認める判断を示した。(注6)

この点について，実務家からは，立法者も数次の製造行為を経た写真等について4項製造罪に係る児童ポルノとして想定していたこと，デジタル処理のケースでは撮影データを別の保存用の媒体に複製することが一連の行為として予定されている場合が典型的である上，複製されたデータはオリジナルとの均質性が保たれているという特殊性があることからすると，「当該複製行為が，撮影者において一次製造の時点で予定されていた一連の行為といえる場合」には，複製行為についても「姿態をとらせて製造した」ものと評価できるとして，処罰の対象となると解するのが相当である旨の見解が示されており(注7)，学説では，第一次製造との関連性をより厳格に求める見解も示されている。(注8)

（注4） 前掲森山眞弓ほか100頁

（注5） 島戸純「『児童買春，児童ポルノに係る行為等の処罰及び児童の保護等に関する法律の一部を改正する法律』について」警察学論集57巻8号96頁

（注6） 上田哲「最高裁判所判例解説刑事篇平成18年度」115頁以下を見ると，

平成18年判例が積極説を採用した理由として，以下の事情を総合考慮したものであろうとの理解が示され，さらに，第一次製造行為と第二次以降の製造行為との間の日時・場所の近接性等を本罪（４項製造罪）が成立するための要件とは考えていないものと理解するのが素直であるとの見解が示されている。

① 「姿態をとらせること」は製造の手段たる行為にすぎない。

② 本罪は，児童に姿態をとらせた者がこれを利用して児童ポルノを製造することを処罰する，身分犯的な犯罪であると理解すべきである。

③ デジタルカメラによる撮影では，メモリースティック等は一次的な保存に用いるだけで，撮影データは直ちにハードディスクにコピーし，そこで画像を選別して更に他の媒体に保存するなど，当初から二次的，三次的製造行為までを一連のものとして行う場合が１つの典型として考えられ，他方で，撮影データを写真屋に持って行きプリントする場合も考えられる。そして，デジタル処理の性質として，データ自体はコピーによっても姿を変えず当初との均質性を保っているという特殊性がある。このようなデジタル処理の性質を考えると，立法者が処罰対象から外すこととした「複製」とは，撮影者とは別人によるコピー行為を考えていたことがうかがわれる。

④ 第一次製造物は他の媒体にデータが移された後に消去されることがしばしばあり，消極説によると処罰の面で相当の不都合が生じる。また，第二次製造は「他に流通の危険性が高い媒体」や「長期間保存できる媒体」へのコピーとなるのが定型的であることから当罰性も高い。

⑤ 「写真」を児童ポルノの代表例とする規定等によれば，立法者も，処罰対象とする児童ポルノとして，第一次製造物である未現像フィルムではなく写真を想定していたと考えるのが自然であり，常識的である。立法関与者のいう「複製」は，必ずしも本件のような場合を想定したものではなかったように思われる。

（注７） 武田正・池田知史「児童ポルノ法（製造罪，罪数）」判例タイムズ1432号46頁

（注８） 上野芳久「刑事裁判例批評（87）」刑事法ジャーナル13号113頁，仲道祐樹「児童ポルノ製造罪の理論構造」刑事法ジャーナル43号70頁

3　5項製造罪の立法趣旨等

（1）立法趣旨

5項製造罪は，盗撮により児童ポルノを製造する行為が，通常の生活の中で誰もが被害児童になり得ることや，発覚しにくい方法で行っている点で巧妙であることなど，その行為態様の点において違法性が高く，当該児童の尊厳を害する行為であるとともに，児童を性的行為の対象とする風潮が助長され，抽象的一般的な児童の人格権を害する行為であり，流通の危険性を創出する点でも非難に値することから，新設されたものである。(注９)

（2）5項製造罪と複製

5項製造罪においても，4項製造罪と同様，複製の問題が生ずることが予想されたところ(注10)，立法関与者の解説を見ると，児童ポルノ法7条5項の製造罪は，手段の限定がされているため，提供目的製造罪とは異なり，盗撮により製造された児童ポルノを後に複製する行為は，基本的には本条項の処罰対象ではないと考えられるが，例えば児童の姿態をデジタルカメラで盗撮して児童ポルノを「製造」する場合は，撮影者本人において，デジタルカメラのメモリーカード等に画像を保存するだけでなく（一次的製造），これをパソコンのハードディスク等に保存し直し（二次的製造），更にこれを印刷して写真とする（三次的製造）など，数次の「製造」に該当し得る行為を一連のものとして行うことが当初から予定されていると考えられるところ，少なくとも，このような，撮影者本人による「製造」として予定される一連の行為までもが児童ポルノ法7条5項の対象から除外されるものではないと考えられるとの見解が示され，平成18年判例が紹介されている。(注11)

（3）検討

5項製造罪は，4項製造罪と同様，製造の手段が限定されており，一見すると，一次的製造行為だけが処罰対象になっているようにも思われる。しかし，5項製造罪においても，「写真」を児童ポルノの代表例として規定していることからすると，立法者も，製造に係る児童ポルノとして，一次的製造物である未現像フィルムやメモリーカード等だけでなく，数次の製造行為を経た写真等についても「ひそかに製造」に係る児童ポルノとして想定していたと考えられる。このことは，４項製造罪に関する平成18年判例がある中で，二次的製造以降の製造行為の適否に関する規定を設けないまま，５項製造罪が新設されたことからも推知できる。そうだとすると，５項製造罪においても，製造に係る児童ポルノを一次的製造物に限定する必要はなく，二次的製造以降の製造行為が「ひそかに姿態を描写して製造した」と評価できる場合には，５項製造罪の成立を認めることができると考えられる。

そして，デジタルカメラ等で撮影記録されたデータ等については，撮影後，別の記録媒体にコピーされることが典型的な場合として考えられるところ，５項製造罪が予定する盗撮行為をする者は，通常，盗撮データを保存管理して自己利用するためにそのような行為に及ぶものと考えられるから，盗撮行為をした者が盗撮データを別の記録媒体にコピーして管理することは当然想定される行為ということができる（例えば，保存管理に適したハードディスク等にコピーすることのほか，盗撮データを持ち歩くため携帯電話のminiSDカード等にコピーすること等も考えられる。）。これに，デジタル処理の場合，コピーデータはオリジナルとの均質性が保たれるとの特性があることも併せ考慮すると，盗撮行為をして一次的製造を行った者（共犯者を含む）が，提供目的なく当該電磁的記録を別の記録媒体に記録させて二次的製造以降の製造をする行為は，基本的に「ひそかに姿態を描写して製造した」と評価することができ，５項製造罪に当たると解することができると考えられる。(注12) 平成18年判例が，二次的製造以降の製造行為について一次的製造行為との日時・場所の近接性等の限定をしていないのも，同様の考え方によって説明することが可能であるように思われる。

（注９） 坪井麻友美「児童買春，児童ポルノに係る行為等の処罰及び児童の保護等に関する法律の一部を改正する法律について」法曹時報66巻11号55頁

(注10) 衆議院法務委員会（平成26年6月4日議事録）では，「製造」には複写も入るのかという質問に対し，「第7条5項における『製造』に関しましては，この前段で『児童の姿態を写真，電磁的記録に係る記録媒体その他の物に描写することにより，』というふうに手段を限定しております。ですので，複写は当たりません。」との回答がされている。

(注11) 前掲坪井麻友美57頁。児童ポルノ法2条3項が，数次の製造行為を経ることが予定される「写真」を児童ポルノの代表例として規定していることからしても，立法者が，製造に係る児童ポルノとして，一次的製造物であるメモリーカードやフィルムだけではなく，数次の製造行為を経た後の写真等を当然に想定していたと考えるのが自然である上，撮影者本人による記録媒体間の複製や移動等が行われた場合に，そうした行為が処罰対象にならないとすると，一次的製造物が消去又は廃棄されるなどしており，その一次的製造の立証に難がある場合，最終製造物である写真等が押収されるなどして，二次的製造以降の行為が明らかであっても，撮影者を製造罪で立件することが困難になるという弊害を生じ，本項の製造罪を処罰することとした趣旨が没却されることが，その理由として挙げられている。

(注12) 被告人と共犯者は，コレクションの一部に加える目的で盗撮行為に及び，ビデオカメラで撮影した動画データをSDカード等に記録保存し，その後，被告人方で外付けハードディスクにデータをコピーして記録保存することを繰り返していた。

4　本決定について

本決定は，「ひそかに児童ポルノ法2条3項各号のいずれかに掲げる児童の姿態を電磁的記録に係る記録媒体に記録した者が，当該電磁的記録を別の記録媒体に記録させて児童ポルノを製造する行為は，同法7条5項の児童ポルノ製造罪に当たる」と判示し，原判決の判断を是認しているが，平成18年判例と同じような表現を用いていることから，同判例と同様，盗撮行為をして製造を行った者が，その電磁的記録を別の記録媒体に複写するなどして二次的製造行為に及んだ場合には，「ひそかに児童の姿態を描写することにより児童ポルノを製造した」と法的に評価できるとして，５項製造罪の成立を認めたものと思われる。(注13) 本決定は，その理由を示していないが，盗撮行為をする者については，撮影後，盗撮データを保存管理して自己利用するため，当該盗撮に係る電磁的記録を別の記録媒体にコピーするなどして管理することが当然想定されることなどを考慮したのではないかと考えられる。

（注13） 本件では，前記（注12）のとおり，被告人が共犯者とともに盗撮行為を行うなどしたものであるが，例えば，盗撮行為をした一次製造者から依頼を受けてデータを交付された別の者が提供目的なく二次的製造行為を行った場合の擬律（身分犯に加功したのと同様に考えるのかなど）については，本決定の射程外であり，今後の検討課題として残っているものと思われる。

5　本決定の意義

５項製造罪は，平成18年判例後の法改正で新設されたものであるが，４項製造罪と同様の論点が残る形の立法がされていた。このことを踏まえると，本決定は，５項製造罪に関する法令解釈を示したものとして実務上重要なものと考えられる。

（後注） 本決定の評釈として知り得たものとして，滝谷英幸「刑事裁判例批評(398)」刑事法ジャーナル64号117頁がある。

（中尾　佳久）

〔4〕 被告人の記名のみがあり署名押印がいずれもない控訴申立書による控訴申立ての効力

（平成30年(あ)第1409号　令和元年12月10日第一小法廷決定　棄却
第1審神戸地裁姫路支部　第2審大阪高裁　刑集73巻5号155頁）

〔決定要旨〕

被告人の記名のみがあり署名押印がいずれもない控訴申立書による控訴申立ては，同申立書を封入した郵便の封筒に被告人の署名があったとしても，無効である。

〔参照条文〕

刑訴法374条，刑訴規則60条

〔解　　説〕

第1　事案の概要

1　本件の概要

本件は，器物損壊，道路交通法違反，窃盗の罪名で起訴され，第1審で懲役2年の判決を受けた被告人が，本件控訴申立書を第1審裁判所に提出して控訴を申し立てたことに関し，署名押印がいずれもない控訴申立書による控訴申立ては無効と解すべきである旨の職権判断を示した事案である。(注1)

本件控訴申立書は，作成日付欄の「30」の部分を除き，控訴申立人である被告人の氏名の部分を含め，全て印字されたものであり，被告人の署名押印のいずれもないものであった。なお，本件控訴申立書が封入されていた封筒には被告人の住所とともに被告人の氏名が自署されていた。

（注1）　第1審の認定した罪となるべき事実の要旨は，被告人が，①公安委員会の運転免許を受けないで，普通乗用自動車を運転し，②他人所有のプレート6枚及びカッティングシート（プレート付き）等12枚を，ゴルフクラブを使用して損壊（損害額合計27万3780円）し，③店舗において，洗濯用合成洗剤等8点

（販売価格合計3168円）を買物かご（時価約300円相当）に入れ，これを所持したまま退店し，これらを窃取した，というものである。

2　審理の経過

（1）第1審

第1審において，弁護人は，窃盗の事実について，被告人には不法領得の意思及び窃盗の故意がないから無罪である旨主張したが，窃盗の事実を含めた起訴事実全てを認定され，被告人は懲役2年に処せられた。

（2）原審

被告人は，本件控訴申立書を第1審裁判所に郵送で提出して控訴を申し立てたところ，原判決は，本件控訴申立書による控訴申立ては無効であるとして，本件控訴を棄却した。その要旨は以下のとおりである。

刑訴法374条及び刑訴規則60条によれば，被告人が控訴を申し立てる場合には，刑訴規則61条の場合を除き，年月日の記載と被告人の署名押印がある控訴申立書を第1審裁判所に差し出す必要があるところ，本件控訴申立書には被告人の署名も押印もないから，刑訴規則60条に違反する。本件控訴申立書が刑訴規則60条に違反するとしても，控訴申立ての効力については別に検討する必要がある。刑訴規則60条が書類に署名押印を要求した趣旨は，申立書等の記載自体から何人が作成者であるか，すなわち，当該書面による訴訟行為の主体を明確にさせるとともに，当該書面が作成者本人の意思に基づき真正に作成されたか否かを確認する手立てとすることにあると解される。本件で問題となっている控訴申立書は，訴訟の確定や移審の効力を直接に左右し，新たな手続を開始するためのものであるから，意思表示的文書の中でも，手続的確実性の要請が特に強く働く文書である。本件控訴申立書にはそれ自体に控訴申立人である被告人の署名も押印もなく，当該意思主体による真意に基づく申立てであることが確実に担保されてはいないから，本件控訴申立書による控訴申立ては無効というべきである。本件控訴申立書が封入されていた封筒には被告人の住所と氏名が自署されているが，手続的確実性の要請が特に強く働く控訴申立書という書面の特質からすると，それは本件控訴申立書の作成主体が被告人であることを確実に担保するものとはいえず，刑訴規則60条が書類に署名押印を要求した前記趣旨を満たさないというべきである。

（3） 上告趣意

弁護人は，本件控訴申立書に被告人の署名押印がなくても，これを封入した郵便の封筒に被告人本人による氏名の記載を確認することにより，被告人本人による控訴申立てと確認できるから，有効な控訴申立てとみるべきであるなどと主張した。

第2　当審判示

本決定は，弁護人の上告趣意について，憲法違反，判例違反をいう点を含め，実質は単なる法令違反，事実誤認の主張であって，刑訴法405条の上告理由に当たらないとした上で，「被告人の記名のみがあり署名押印がいずれもない控訴申立書による控訴申立ては，同申立書を封入した郵便の封筒に被告人の署名があったとしても，無効と解すべきである」との職権判断を示した。

第3　説　　明

1　刑訴規則60条の趣旨

刑訴規則60条は，「官吏その他の公務員以外の者が作るべき書類には，年月日を記載して署名押印しなければならない。」と規定している。同条が申立書等の書類に署名押印を要求する理由は，①申立書等の記載自体から何人が作成者であるか，換言すれば，当該書面による訴訟行為の主体を明確にさせること，②当該書面が作成者本人の意思に基づき真正に作成されたか否かを確認する手立てとすることにあるとされている。(注2)

一方で，書類の作成方式に瑕疵がある場合の効力については，刑訴規則60条に違反することを理由として一律に無効とするものは見当たらず，当該書類の性質（個々の訴訟行為の性質），作成方式の瑕疵の程度等により，その効

力を判断すべきものと解されている。[注3]

（注２） 河上和雄ほか編・大コンメンタール刑事訴訟法（１）〔第２版〕537頁（中山善房執筆部分）。上田哲「判例解説刑事篇平成17年度」224頁，龍岡資晃「判例解説刑事篇昭和58年度」393頁，寺澤榮「判例解説刑事篇昭和50年度」269頁，坂本武志「判例解説刑事篇昭和40年度」157頁参照。

（注３） 河上和雄ほか編・大コンメンタール刑事訴訟法（１）〔第２版〕537頁（中山善房執筆部分）は，「一律にその書類作成の真正が疑われることになるものではなく，その書類が作成方式を要求されている趣旨を踏まえて，作成方式違反の程度・軽重を検討し，その具体的な状況等に照らして，その書類が真正に成立し，その内容も信用することができるとみられるかどうかなどを考慮した上，具体的・個別的に判断すべきものと解されている。」としている。また，河上和雄ほか編・注釈刑事訴訟法（１）〔第３版〕547頁（香城敏麿＝井上弘通執筆部分）も，「個々の訴訟行為の性質に応じ，かつ，その方式を要求している趣旨を考慮して，書類の効力を決するほかはない。」としている。

２ 関連する判例[注4]

（１）最三小決昭和50年11月18日刑集29巻10号921頁（「昭和50年判例」という。）は，複数弁護人の連名による裁判官忌避申立書，その異議申立書において，一部の弁護人が記名代印方式によったことから，当該申立人の申立ての効力が問題となった事案において，「いわゆる記名代印によって作成された本件忌避申立書等の書類は，刑訴規則60条，61条の法意に徴し，不適法であるから法律上無効というべき」としたものである。

この判例は，弁護人作成書面について署名押印に代わる記名押印を認める刑訴規則60条の２（平成４年４月１日施行）の規定が存在しない時代のものであり，それを踏まえると，同判例は，申立人の署名も押印もなく，記名だけの申立書による申立ての効力は否定されることを示したものと理解することが可能であるように思われる。[注5]

（2）最二小決平成17年7月4日刑集59巻6号510頁（「平成17年判例」という。）は，電子複写機によって複写されたコピーであって作成名義人たる外国人である被告人の署名がない控訴申立書による控訴申立ての効力が問題となった事案において，「電子複写機によって複写されたコピーであって，作成名義人たる外国人である被告人の署名がない控訴申立書による控訴申立ては，同書面中に被告人の署名が複写されていたとしても，無効と解すべきである」としたものである。

この判例を素直に読めば，記名（署名のコピー）があるだけの控訴申立書による控訴申立ては無効としたものと理解することができるように思われる。なお，この事例は，一件記録中に署名のコピーと対照すべき被告人の署名があったものの，控訴申立書以外の資料を総合して控訴申立書が提出権限を有する者の意思により作成提出されたものであるか否かといった検討をすることなく無効としている点も注目すべきところと思われる。

（3）最三小決昭和58年10月28日刑集37巻8号1332頁（「昭和58年判例」という。）は，電子複写機によって複写されたコピーであって作成名義人の署名押印のない上告趣意書の有効性が問題となった事案において，「刑訴規則60条の規定に違背するものといわなければならないが，上告趣意のほか，作成名義人たる被告人のものと認められる署名押印も複写されており，これを封入した郵便の封筒には被告人によるものと認められる氏名の記載があり，被告人以外の権限のない者がほしいままに作成し提出したなどの特段の事情はうかがわれず，被告人の意思に基づいて作成され提出されたものと認められるから，有効な上告趣意書として判断の対象とするのが相当である。」としたものである。

この判例は，これまでの判例とは異なり，控訴申立書等の申立書面ではなく，上告趣意書に関するものである。平成17年判例とは異なり，上告趣意書の効力に関しては，当該書面以外の資料を総合して，上告趣意書が被告人の意思に基づいて作成され提出されたものと認められるかどうかを判断しているが，これは控訴申立書と上告趣意書の刑事手続上の性質の違い等によるものと理解することができる。

（注４） 作成方式に問題のある意思表示的文書の効力が問題とされた一連の判例については，上田哲・前掲216～223頁に詳しく紹介されている。

（注５） 寺澤榮・前掲270頁は，昭和50年判例について，本決定は，「記名押印」による申立ての効力を結果的に肯定することになったとし，その理由として，「この程度の法式違反は，これによる訴訟行為の効力を否定するまでのことはあるまい，とする趣旨と思われる。」としている。

３　検　討

控訴申立ての有効性について，昭和58年判例と同様の方法を採るのであれば，本件控訴申立書を封入した郵便の封筒にある被告人の氏名の記載と一件記録中にある被告人の氏名の記載を対照するなどした上で，本件控訴申立書が被告人の真意に基づき作成されたものであるか否かを判断すべきことになる。

しかし，昭和58年判例は上告趣意書の提出の効力に関するものであるところ，控訴申立ては，訴訟の確定や移審の効力を直接に左右し，新たな手続を開始するもので，刑事手続の中でも手続的確実性や法的安定性の要請が非常に強いものであり，既に上訴審の段階に入った上での訴訟行為である上告趣意書の提出とは，訴訟行為の性質が大きく異なるものであるから，その効力について同様の方法で判断するのは相当とはいえないと考えられる。

そして，控訴申立書が，意思表示的文書の中でも手続的な明確性・確実性が強く要求されるものであることからすると，控訴申立ての効力を判断するに当たっては，当該控訴申立書自体において，申立人による真意に基づく申立てであることが明らかにされていることが必要であり，当該控訴申立書自体からそれが明らかでない場合には，控訴申立ての効力は否定されると解するのが相当であるように思われる。平成17年判例が，控訴申立書の署名のコピーを一件記録中にある被告人の署名と対照するなどして当該控訴申立書による控訴申立ての有効性を判断することをせずに無効との判断を示しているのは，同様の考えによるものと考えられる。(注6)

本決定は,「被告人の記名のみがあり署名押印がいずれもない控訴申立書による控訴申立ては，同申立書を封入した郵便の封筒に被告人の署名があったとしても，無効と解すべきである」と判示し，具体的理由を示すことなく，原審の判断を是認しているが，本件控訴申立書は，被告人の記名だけしかなく署名も押印もなく，書面自体から被告人の真意に基づく申立てであることが明らかとはいえないものであることから，同申立書による控訴申立てを無効と解すべきであるとしたものと考えられる。(注7)

(注6) 河上和雄ほか編・大コンメンタール刑事訴訟法(1)〔第2版〕539頁(中山善房執筆部分)，上田哲・前掲237頁も，同旨の理解を示している。

(注7) 本件では，上告趣意として，地裁の担当書記官は，控訴申立書に瑕疵がある場合，控訴期限に余裕があれば，被告人に連絡をして控訴申立書の補正・追完の意向を探る義務があるとして，原審としては，本件控訴申立書による控訴申立ての効力を判断するに際し，地裁の担当書記官の証人尋問を行うなどして，同書記官の落ち度の有無を確認する必要があったとの審理不尽の違法をいう法令違反の主張もなされていた。この点については,「第1審裁判所が本件控訴申立書を受理した後，その誤りを発見して，好意的に当事者に注意を促がすことはあり得たとしても，そのような措置をしなかったからといって，その不措置自体違法というべきものではなく，また控訴裁判所を拘束すべき何らの効力を有するものではない。」とした最一小決昭和33年11月24日刑集12巻15号3531頁が参考になる。

4 本決定の意義

本件のような記名のみがあり署名押印がいずれもない控訴申立書による控

訴申立ては，その効力が問題となる1つの典型的な場合であり，本決定が示した法令解釈は，実務上重要なものと考えられる。また，本決定は，控訴申立てに関するものであるが，各種の上訴申立てについても，本件の趣旨が妥当するように思われる(注8)。他方で，署名のみ又は記名押印がある控訴申立書による控訴申立ての有効性も問題となり得るが，本決定の射程外であり，今後の課題として残されている(注9)。

なお，本件と同様の事態が生ずるおそれがある場合として，弁護人が上訴申立書を起案し，被告人に交付して提出を委ねたところ，被告人が署名押印をしないまま提出するといったことが考えられる。被告人に必ず署名押印をして提出するよう注意を促すなど弁護活動において十分留意すべきところと思われる。

（注8） 本決定後，申立人の記名のみがあり署名押印がいずれもない申立書による特別抗告の申立てが無効とされたものとして，最三小決令和2年3月23日がある。

（注9） 署名のみの場合には，外国人については署名で足りるとされていること（外国人ノ署名捺印及無資力証明ニ関スル法律1条）との関係を検討する必要があり，記名押印の場合には，弁護人については記名押印で足りるとされていること（刑訴規則60条の2）との関係を検討する必要がある。私見としては，文書に署名又は記名押印をすることは，一般の文書の作成経過に照らすと，当該文書を完成させる行為ということができるから，当該文書に署名又は記名押印がされている場合には，署名又は記名押印をした者の真意に基づき当該文書が作成されたものとみることができると思われる。そうだとすると，控訴申立書に署名又は記名押印がある場合には，控訴申立ての効力を否定するまでの方式違反があるとはいえないと考えることも可能であるように思われる。

（後注） 本決定の評釈として知り得たものに，高平奇恵「署名押印のない控訴申立書の効力」法学セミナー782号130頁がある。　（中尾　佳久）

〔5〕 覚せい剤譲渡の約束に基づき支払われた代金全額が「国際的な協力の下に規制薬物に係る不正行為を助長する行為等の防止を図るための麻薬及び向精神薬取締法等の特例等に関する法律」2条3項にいう「薬物犯罪の犯罪行為により得た財産」に当たるとされた事例

（平成30年(あ)第437号　令和元年12月20日第二小法廷判決
一部破棄自判　一部棄却
第1審福井地裁　第2審名古屋高裁金沢支部　刑集73巻5号174頁）

〔判決要旨〕

覚せい剤100gを代金80万円で譲渡するという約束に基づき，代金全額の支払を受けるとともに，その約束に係る覚せい剤の一部について譲渡の実行に着手したという事実関係の下においては，代金全額が「国際的な協力の下に規制薬物に係る不正行為を助長する行為等の防止を図るための麻薬及び向精神薬取締法等の特例等に関する法律」2条3項にいう「薬物犯罪の犯罪行為により得た財産」に当たる。
(補足意見がある。)

〔参照条文〕

国際的な協力の下に規制薬物に係る不正行為を助長する行為等の防止を図るための麻薬及び向精神薬取締法等の特例等に関する法律2条3項

〔解　　説〕

第1　事案の概要

1　本件は，覚せい剤(注1)の有償譲渡の事件において，国際的な協力の下に規制薬物に係る不正行為を助長する行為等の防止を図るための麻薬及び向精神薬取締法等の特例等に関する法律（以下「麻薬特例法」という。）2条3項にいう「薬物犯罪の犯罪行為により得た財産」として薬物犯罪収益に該当する財産の範囲が問題となった事案である。

（注１） 公用文表記は「覚醒剤」であり，令和元年法律第63号による改正において覚せい剤取締法の題名や法文もこれに合わせることとなり，令和２年４月１日から施行されているが，本判決当時の題名等に合わせて「覚せい剤」と表記する。

２ 被告人は，覚せい剤の営利目的譲渡未遂とこれに伴う所持で起訴された。公訴事実の要旨は次のとおりである。

「被告人は，営利の目的で，みだりに

第１ 平成28年10月20日，配送センターにおいて，覚せい剤約78.76gを所持した

第２ 同月中旬頃，Ａとの間で代金80万円で覚せい剤100gを譲り渡すことを約束し，同代金を被告人が指定した口座に入金させた上，同月20日，上記約束に係る覚せい剤の一部として，上記覚せい剤約78.76g在中の宅配物を，上記配送センターから発送し，Ａに同覚せい剤を譲り渡そうとしたが，その目的を遂げなかった

ものである。(注２)」

（注２） 被告人は，同月20日昼頃，自動車で自宅を出発して仕入先から上記覚せい剤約78.76gを受け取り，同日午後０時45分頃，上記配送センターに到着し，車内で宅配袋に同覚せい剤を入れるなどした後，同日午後１時５分頃，発送手続を終えた。

３ 原判決の認定によれば，追徴に関する事実関係は，次のとおりである。

被告人は，Ａとの間で，覚せい剤100gを代金80万円前払で譲り渡すこと，覚せい剤は80gと20gに分けて引き渡すことを約束し，代金全額を被告人名義の預金口座に入金させた。被告人は，その約束に係る覚せい剤の一部とし

て，覚せい剤78.76g（以下「本件覚せい剤」という。）を，Aの住居宛てに宅配便により発送し，Aに同覚せい剤を譲り渡そうとしたが，その目的を遂げなかった（以下，この犯罪行為を「本件譲渡未遂」という。）。

第2　審理の経過

1　第1審判決（福井地裁・平成29年8月29日）

第1審において，被告人は，営利目的を争うとともに，公訴事実第1の本件覚せい剤の営利目的所持は同第2の本件譲渡未遂に吸収され，本件譲渡未遂1罪が成立する旨主張した。

第1審判決は，これらの主張を排斥し，罪となるべき事実として公訴事実と同旨の事実を認定し，被告人を懲役3年6月及び罰金100万円に処するとともに，薬物犯罪収益は80万円であると判断し，既に費消されて没収できないとして，麻薬特例法13条1項前段，11条1項1号により被告人から80万円を追徴した。

2　原判決（名古屋高裁金沢支部・平成30年2月20日）

（1）被告人が控訴し，営利目的に関する事実誤認，罪数に関する法令適用の誤り，量刑不当を主張した。

原判決は，事実誤認の論旨は排斥したが，本件覚せい剤の営利目的所持は本件譲渡未遂に吸収されて別罪を構成しないから，法令適用の誤りの論旨には理由があると判断した。原判決は第1審判決を破棄し，自判するに当たり，罪となるべき事実として本件譲渡未遂を認定し，被告人を懲役3年及び罰金80万円に処するとともに，追徴に関する補足説明として，要旨，以下のとおり説示して，薬物犯罪収益となるのは64万円であると判断し，被告人から64万円を追徴した。

（2）「薬物犯罪の犯罪行為により得た財産」とは，薬物犯罪の構成要件に該当する行為自体によって犯人が取得した財産をいう[(注3)]から，本件で追徴の対象となるのは，薬物犯罪として認定される本件譲渡未遂により得た財産の価額であり，本件覚せい剤の代金相当額に限られると解するのが相当である。

被告人は，約束した覚せい剤100gのうち，その８割に相当する分として本件覚せい剤を発送したと認められるから，80万円の８割に相当する64万円を本件譲渡未遂に係る薬物犯罪収益と認めるのが相当である。80万円のうち本件覚せい剤の代金相当額を超える部分は，本件譲渡未遂自体により被告人が取得した財産とはいえないから，約束された代金全額が前払されたからといって，その全額が薬物犯罪収益として追徴の対象となるとはいえない。

このように解する場合，被告人は，本件覚せい剤以外に別途覚せい剤20gを譲渡することを約束して80万円を取得したにもかかわらず，本件覚せい剤の代金相当額を控除した残額の取得を被告人に事実上容認する結果となって，麻薬特例法が薬物犯罪収益の没収・追徴を定めた趣旨に反し，不合理な結果を生じさせるようにもみえる。しかし，麻薬特例法上の没収・追徴も，薬物犯罪その他同法が定める各罪の付加刑である点に変わりはないから，没収・追徴の対象財産の範囲が，主刑を科す根拠となる薬物犯罪の事実によって画されることはやむを得ないというべきである。

検察官は，麻薬特例法の趣旨からすれば，「薬物犯罪の犯罪行為により得た財産」とは，薬物犯罪の犯罪行為と因果関係のある財産と考えるべきであり，本件では，本件譲渡未遂と80万円との間には因果関係及び手段性ないし直接性があるから，その全額が没収・追徴の対象となる旨釈明した[(注４)]。しかし，因果関係があれば薬物犯罪収益として全て没収・追徴の対象になるとすると，その範囲が無限定に拡大するおそれがあるし，因果関係や手段性，直接性の有無は必ずしも容易に判断し得るものでもない。

（３）原判決に対し，双方が上告した。

（注３）　後掲最二判平成15年４月11日刑集57巻４号403頁【判例①】の判旨である。

（注４）　控訴趣意では追徴の範囲に関し何ら主張されていなかったが，原裁判所は，原審第１回公判期日において検察官に対し求釈明した。

第3　上告趣意

1　検察官の上告趣意

薬物犯罪収益は80万円ではなく64万円であるとした点に関する判例違反，法令違反の主張であり，原判決は，最二判平成15年4月11日刑集57巻4号403頁【判例①】，最三決平成17年7月22日刑集59巻6号646頁【判例③】，最三決平成20年11月4日刑集62巻10号2811頁【判例⑤】と相反し，必要的追徴を遺脱した法令違反があるとするものである。

2　被告人の上告趣意

法令違反，事実誤認，量刑不当の主張であり，薬物犯罪収益となるのは80万円の78.76％の63万80円であるなどと主張するものである。

第4　当審判示（最高裁第二小法廷・令和元年12月20日判決）

判例違反の主張は事案を異にする判例を引用するものであって本件に適切でなく，適法な上告理由の主張はないとしつつ，検察官の主張をいれ，職権により次のとおり判示し，原判決には麻薬特例法2条3項の解釈適用を誤った違法があり，この違法が判決に影響を及ぼすことは明らかであって，追徴部分を破棄しなければ著しく正義に反すると判断し，原判決を部分破棄し，80万円を追徴した（裁判官全員一致の意見である。）。

「被告人は，覚せい剤100gを代金80万円で譲渡するという約束に基づき，代金の支払を受けるとともに，本件覚せい剤の譲渡の実行に着手したもので，代金全額が，その約束に係る覚せい剤の対価として本件譲渡未遂と結び付いており，本件譲渡未遂を原因として得た財産といえるから，麻薬特例法2条3項にいう『薬物犯罪の犯罪行為により得た財産』として薬物犯罪収益に該当するというべきである。」

第5　説　　明

1　取得財産の没収・追徴

麻薬特例法2条3項は，「薬物犯罪の犯罪行為により得た財産」を「薬物犯罪収益」と規定し，同法11条1項1号は，薬物犯罪収益を没収するものとし，同法13条１項は，同法11条１項の規定により没収すべき財産を没収することができないときは，その価額を犯人から追徴するとしている。これらの規定は，麻薬及び向精神薬の不正取引の防止に関する国際連合条約を国内的に実施し，薬物犯罪収益の剥奪を徹底するため，刑法19条１項３号（取得物件），19条の２の没収・追徴の特別法として規定されたもので，没収・追徴を必要的とすること，有体物以外の財産も対象とすることなどの点で異なっているが，その法的性質が付加刑（刑法９条）とその換刑処分であることに変わりはない。有罪判決において被告人に主刑を言い渡す際にこれに付加して言い渡すことのできる刑であり，主刑の基礎となった犯罪行為が証明された場合に，当該犯罪行為にリンクした財産についてのみ科すことができる。(注５)

また，組織的な犯罪の処罰及び犯罪収益の規制等に関する法律（以下「組織的犯罪処罰法」という。）２条２項１号は，財産上の不正な利益を得る目的で犯した前提犯罪の「犯罪行為により得た財産」を「犯罪収益」と規定し，同法13条１項１号は，犯罪収益が不動産若しくは動産又は金銭債権であるときは，没収することができるとし，同法16条１項は，犯罪収益が不動産若しくは動産若しくは金銭債権でないときその他これを没収することができないときは，その価額を犯人から追徴することができるとしている。組織的な犯罪に対処するため，刑法総則の没収・追徴の特別法として，対象となる財産の範囲を拡大するなどしたものであるが，その法的性質が付加刑とその換刑処分であることは同じである。(注６)

以上の刑法・麻薬特例法・組織的犯罪処罰法上の取得財産の没収・追徴規定は，いずれも犯罪により取得された不正な利益を保持させないことを目的としている。

（注５） 古田佑紀ほか「『国際的な協力の下に規制薬物に係る不正行為を助長する行為等の防止を図るための麻薬及び向精神薬取締法等の特例等に関する法律』及び『麻薬及び向精神薬取締法等の一部を改正する法律』の解説（１）」法

曹時報44巻7号74頁，大塚仁ほか編・大コンメンタール刑法(1)〔第3版〕403頁〔出田孝一〕，山口厚「わが国における没収・追徴制度の現状」町野朔＝林幹人編・現代社会における没収・追徴22頁

（注6） 三浦守ほか・組織的犯罪対策関連三法の解説137頁

2　判例の動向

(1) 判例は，麻薬特例法2条3項の「薬物犯罪の犯罪行為により得た財産」，組織的犯罪処罰法2条2項1号の「犯罪行為により得た財産」について，事案に応じた理由付けをしながら，その範囲を明確化してきている。

ア　最二判平成15年4月11日刑集57巻4号403頁【判例①】

覚せい剤の密輸事件において，被告人が，密輸組織に関係する共犯者から，往復航空券のほか，報酬の一部前払及び犯行を遂行するに際して要する費用に充てる趣旨で，金員を受け取り，往路航空券を使用するとともに金員の一部を費消し，検挙時に復路航空券，残金を所持していたという事案である。

麻薬特例法（平成11年法律第136号による改正前のもの）2条3項にいう「薬物犯罪の犯罪行為により得た財産」とは，薬物犯罪の構成要件に該当する行為自体によって犯人が取得した財産をいい，薬物犯罪を遂行する過程において費消・使用されるものとして犯人が他の共犯者から交付を受けた財産はこれに当たらない（消極説）としつつ，復路航空券は刑法19条1項2号の供用物件として，残金は麻薬特例法（同改正前のもの）2条3項にいう「当該犯罪行為の報酬として得た財産」及び供用物件として没収できると判断した。

イ　最三判平成15年10月28日集刑284号477頁【判例②】

麻薬特例法2条3項にいう「薬物犯罪の犯罪行為により得た財産」について，【判例①】を引用し，消極説を採用した事案である。共犯者から交付された往路航空券は薬物犯罪収益に該当するとして，使用済みの同航空券分の

価額を追徴した第１審判決を是認した原判決には，判決に影響を及ぼすべき法令違反があり，これを破棄しなければ著しく正義に反すると判断し，原判決を全部破棄した上，第１審判決の追徴部分を破棄し，その余の部分に対する控訴を棄却した。

ウ　最三決平成17年７月22日刑集59巻６号646頁【判例③】

規制薬物の譲渡を犯罪行為とする場合における「薬物犯罪の犯罪行為により得た財産」とは，規制薬物の対価として得た財産そのものをいうから，没収・追徴に当たり，当該財産を得るために犯人が支出した費用等を控除すべきではないとした。

エ　最三判平成20年４月22日刑集62巻５号1528頁【判例④】

麻薬特例法11条１項（２条３項），13条１項の文理及び趣旨を指摘した上で，幇助犯から没収・追徴できるのは，幇助犯が薬物犯罪の幇助行為により得た財産等に限られるとした。

オ　最三決平成20年11月４日刑集62巻10号2811頁【判例⑤】

児童ポルノであるDVDの注文を受け，代金を借名口座に前払入金させた後，同DVDを送付して提供したという組織的犯罪処罰法違反（犯罪収益等隠匿）等の事案であり，任意的没収の対象となる組織的犯罪処罰法２条２項１号の「犯罪行為により得た財産」について判示するなどしたものである。被告人は，入金させたのは前提犯罪の実行着手前であるから，前払代金は「犯罪行為により得た財産」に該当せず，また，前払代金のうち１件につき500円を送料に充てていたから，送料分は追徴の対象とならないなどと主張した。

組織的犯罪処罰法２条２項１号の「犯罪行為により得た財産」とは，その文理，同法の立法目的等にも照らせば，当該犯罪行為によって取得した財産であればよく，その取得時期が当該犯罪行為の成立時の前であると後であるとを問わないから，実行着手前に取得した前払代金等であっても後に前提犯罪が成立する限りこれに該当するとした上で，提供者が注文者から児童ポルノの代金を送料込みで取得したときであると，代金とは別に送料を取得したときであるとを問わず，児童ポルノ提供行為によって取得したと認められる金員の全額が「犯罪行為により得た財産」として犯罪収益に該当するから，取得した金員の一部を送料として支出したとしても，その分を控除して追徴額を算定すべきではないとした。

（2）これらの判例において，犯罪行為「により得た」とは，同様の規定ぶりとなっている刑法19条1項3号（取得物件）の「によって得た」（麻薬特例法の立法当時は「ニ因リ得タル」）と基本的に同義であるとの理解が前提となっている。(注7)

また，【判例④】【判例⑤】の指摘する「文理」については，幇助行為又は犯罪行為を原因として取得したという意味と解される。(注8)(注9)

（注7） 上田哲・最判解刑事篇平成15年度221頁，同・最判解刑事篇平成17年度288頁，松田俊哉・最判解刑事篇平成20年度691頁。松田・前掲698頁は，【判例⑤】の判示は，同様の構成要件を有する麻薬特例法上の「薬物犯罪収益等の取得につき事実を仮装した罪」（同法6条1項）にも当然当てはまるとしている。

（注8） 鹿野伸二・最判解刑事篇平成20年度342頁は，「幇助行為を原因として，収益等について所有権の取得ないし利益の分配のように実質的な財産上の価値を取得したことを要する趣旨と思われる」とし，松田・前掲（注7）690頁は，「『犯罪行為により得た』というのは『犯罪行為を原因として』と解することができるから，文理上も特段支障はないと解される」とする。

（注9） 上田・前掲平成15年度（注7）238頁も，時間的前後関係を問題の本質とみるのは疑問であり，規制薬物の譲渡事案で代金の全部又は一部がたまたま前払で支払われていても，やはり犯人が譲渡を直接的な原因として（あるいは手段として）得たものであって，「薬物犯罪の犯罪行為により得た財産」であることに変わりはないとする。

3　下級審裁判例の動向

本件のように，規制薬物を譲渡するという約束に基づき，対価を取得するとともに，その約束に係る規制薬物の一部について譲渡の実行に着手したという事案について，裁判例は，全額が薬物犯罪収益に該当するとするもの(注10)と一部に限られるとするもの(注11)に分かれていた。

また，覚せい剤譲渡に付随して注射器を譲り渡し，一括して代金額を定めて支払ったという事案について，全体が「薬物犯罪の犯罪行為により得た財産」に当たるとしたものもあった。(注12)

(注10)　大阪地判平成28年３月３日公刊物未登載〔平成27年(わ)第4590号等〕は，被告人が，営利の目的で，覚せい剤約１ｇを代金３万円で譲り渡すことを約束し，同代金３万円を受け取るとともに，上記約束に係る覚せい剤の一部として，覚せい剤約0.46gを譲り渡した旨の事実を認定した上で，被告人から３万円を追徴し，「追徴に係る３万円は，覚せい剤約１ｇの対価として交付されたものであるが，上記事実の実行行為を原因として取得されたものといえる以上，その全額が薬物犯罪収益に該当する」旨説示している。なお，東京高判平成21年10月20日高刑集62巻４号１頁は，賭客が従業員に２千円以上の現金を渡し，１回の勝負ごとに60円又は120円が賭けられ，複数の勝負が行われるというパチスロ機賭博の事案について，財物の得喪が確定するまでに重ねられた勝負全体が客の行う１個の賭博行為であり，あらかじめ支払われる現金は，遅くとも，客が最初の勝負を開始して賭博行為に着手した時点で，賭博行為により得た物として刑法上の取得物件となり，財産上不正な利益を得る目的で犯した常習賭博罪に当たる場合には，「犯罪行為により得た財産」として組織的犯罪処罰法２条２項１号の「犯罪収益」に該当する旨説示しており，全額が薬物犯罪収益に該当するとする見解に親和的である。

(注11)　名古屋高金沢支判平成29年10月10日公刊物未登載〔平成29年(う)第35号〕は，被告人が，覚せい剤１ｇを代金２万1000円で譲り渡すことを約束し，同代金２万1000円を受け取るとともに，上記約束に係る覚せい剤の一部として，覚せい剤0.379gを譲受人方に発送し，同覚せい剤を譲渡しようとしたが，その目的を遂げなかった旨の事実を認定した上で，薬物犯罪収益は，覚せい剤

0.379gの代金相当額に限られ，7959円（2万1000円×0.379）の範囲内で追徴を認めるのが相当であると判断し，2万1000円を追徴した第1審判決を職権で破棄し，被告人から7959円を追徴している。

(注12)　札幌高判平成5年6月8日判タ826号280頁

4　学説の状況

（1）「薬物犯罪の犯罪行為により得た財産」の意義については，「構成要件該当行為を原因として得られたものであるが，財産を得ることが構成要件中に含まれる必要はないし，純利益性も不要である」(注13)，「薬物犯罪の犯罪行為と財産の取得に因果関係があることを意味する」(注14)などと解されている。

基本的に同義と解される刑法19条1項3号の取得物件については，同項4号の対価物件との区別も念頭に置いて，「単に犯罪行為と因果関係があれば足りるのではなく，犯罪行為を手段として取得した趣旨」(注15)，「犯罪行為と因果関係があればよいのではなく，直接取得された物に限る」(注16)などと解されている。(注17)

なお，原判決が引用する【判例①】の「構成要件に該当する行為自体によって犯人が取得した財産をいう」という表現も，これらの学説と格別異なる趣旨をいわんとするものではないと解される。(注18)

（2）下級審裁判例で問題となった，規制薬物とその他の物品を一括譲渡した場合の薬物犯罪収益に該当する財産の範囲については，その他の物品に実質的ないし独立の価値がある限り，代金全額を薬物犯罪収益とみることはできず，（組織的犯罪処罰法又は刑法上の没収・追徴を併用できる場合は別として）代金額からその他の物品の市場価格を差し引き，又は按分計算をして規制薬物分を割り出すなどの方法により薬物犯罪収益を認定すべきであるとする見解が多い。(注19)

(注13)　古田佑紀＝齊藤勲編・大コンメンタール薬物五法Ⅰ〔麻薬等特例法部

分〕11頁

（注14）　井上弘通＝西田時弘・没収保全及び追徴保全に関する実務上の諸問題15頁

（注15）　大塚仁ほか編・前掲（注５）428頁

（注16）　山口・前掲（注５）32頁。同24頁では，犯罪行為と直接リンクした物とされている。

（注17）　大塚仁・注解刑法〔増補第２版〕75頁，藤木英雄・注釈刑法(１)141頁，同・刑法講義総論329頁は，「犯罪行為当時既に存在していた物であって犯罪行為により犯人が取得した物をいう」としており，刑法19条１項３号の生成物件との区別に主眼を置いていると思われる。

（注18）　上田・前掲平成15年度（注７）221頁

（注19）　古田＝齊藤編・前掲（注13）11頁，井上＝西田・前掲（注14）39頁，西浦久子「麻薬特例法の没収・追徴をめぐる実務的諸問題」司法研修所論集99号427頁，三浦正晴「判批」警察学論集47巻３号159頁，吉田浩＝遠藤圭一郎「没収保全・追徴保全」別冊判タ35号134頁

5　問題の所在

（１）本件において前払された80万円は，覚せい剤100gを代金80万円で譲渡するという約束に基づき得られたものである。しかし，「薬物犯罪の犯罪行為」ないし「構成要件に該当する行為」の着手があったのは，上記約束の時点ではなく，被告人が，実際に仕入先から本件覚せい剤を入手した後，配送センターにおいて本件覚せい剤の発送に向けた行為をした時点であると解されるから，被告人が同所において本件覚せい剤を発送した一連の行為を原因ないし手段として得られた財産（直接的な因果関係ないし結び付きのある財産）の範囲を検討すべきことになる。

覚せい剤の譲渡においては，相手方に対して覚せい剤の所持を移転する一連の行為を開始して譲渡の実行に着手するのに先立ち，その内容，時間的接着性は多様であり得るものの，譲渡の約束（合意）が存在する。(注20)覚せい剤

100gを代金80万円で譲渡するという約束に基づき，代金の支払と引き換えに覚せい剤を譲り渡した場合，風袋込みの計量であるなどのため実際に授受された覚せい剤の量が100gに若干満たない場合であっても，約束の内容に沿うものであると認められる限り，支払われた代金全額を「薬物犯罪の犯罪行為により得た財産」とみることに異論は少ないであろう。「犯罪行為により得た」といえるか否かを判断するに当たっては，犯罪行為までに成立している約束の内容が考慮されている。

【判例⑤】が，前提犯罪の実行着手前に取得した代金や送料であっても後に前提犯罪が成立する限り「犯罪行為により得た財産」に該当するとしているのも，代金等の支払とその後の実行は，基となった児童ポルノ提供の約束の内容に沿うものであり，支払と提供との先後関係如何にかかわらず，犯罪行為を原因ないし手段として得たものと評価できるという考慮があるからではないかと思われる(注21)。前払代金は，取得時点では「犯罪行為により得た財産」とはいえない（その予定があるにとどまる）が，後に実行に着手した時点で，その実行行為により得られた犯罪収益と評価されることになる。

本件で問題となっているのは，薬物犯罪の犯罪行為である本件譲渡未遂が，基となった覚せい剤100gを代金80万円で譲渡するという約束の内容に沿うものではあるものの，未だその内容の一部を実現するにとどまっているため，このような場合にも，その約束に基づいて支払われた代金全体を「犯罪行為により得た財産」とみることができるのかという点である(注22)。

（2）原判決は，【判例①】の判旨を引用し，「薬物犯罪の犯罪行為により得た財産」とは，薬物犯罪の構成要件に該当する行為自体によって犯人が取得した財産をいうとした上で，本件で追徴対象となる薬物犯罪収益は，薬物犯罪の犯罪行為である本件譲渡未遂により得た財産の価額であり，本件覚せい剤の代金相当額に限られると解するのが相当であるとし，その額を64万円と認めた。

薬物犯罪である構成要件該当行為と取得された財産との結び付きないしり

ンクに着目するという考え方は，判例・学説の状況，「犯罪行為により得た」という文言からして，正当なものといえるだろう。(注23)

しかし，【判例③】【判例⑤】が費用や送料分を控除すべきではないとしているように，対象財産と譲渡の目的物との経済的な等価値性は要求されてこなかったのではないかと思われる。(注24)【判例③】の「規制薬物の対価として得た財産そのもの」という表現も，規制薬物の譲渡と代金の支払がほぼ同時に履行された事案について，仕入費用等の経費が生じている場合であっても，譲渡の反対給付として取得した代金がそのまま薬物犯罪収益になることを示そうとしたにすぎず，取得財産と目的物との間の経済的な等価値性を求める趣旨ではないと解される。また，【判例⑤】は，前提犯罪の実行に着手する前に取得した前払代金等であっても「後に前提犯罪が成立する限り」犯罪行為により得た財産に該当すると説示しているが，成立すべき前提犯罪について，常に前払代金に係るDVD全部を送付していなくてはならないという趣旨まで含むものではないと解される。(注25)

本件譲渡未遂は，覚せい剤78.76gないし80gを代金63万80円ないし64万円で譲り渡すという約束ではなく，覚せい剤100gを代金80万円で譲り渡すという約束に基づいており，前払代金全体を犯罪行為である本件譲渡未遂を原因ないし手段として得た財産と評価することが可能であり，このように解しても条文の文言から乖離することにはならないと思われる。むしろ，薬物犯罪に係る売上げ等を徹底的に剥奪し，その再投資を防止し，資金面から薬物犯罪の禁圧を図ろうとしている麻薬特例法の趣旨にかなう解釈ともいえる。

（3）原判決は，没収・追徴は付加刑であるから，対象財産の範囲が，主刑を科す根拠となる薬物犯罪の事実によって画されることはやむを得ず，因果関係があれば薬物犯罪収益として全て没収・追徴の対象になるとすると，その範囲が無限定に拡大するおそれがあるし，因果関係や手段性，直接性の有無は必ずしも容易に判断し得るものでもないとしている。

しかし，付加刑である没収・追徴を言い渡すために主刑の基礎となる薬物犯罪が証明されなければならないのは当然としても，それを前提として付加刑の範囲をどのように定めるかは，没収・追徴要件規定の解釈を踏まえて別途検討すべき問題であるように思われる。また，証拠により有償譲渡の約束の内容を認定した上で，本件の罪となるべき事実により画される対象財産の範囲を，その約束に係る代金全額とみることが，没収・追徴を無限定に拡大させるおそれを招くものとは考えにくく，当該有償譲渡の約束に係る覚せい剤の代金かどうかの認定が特に困難であるとはいえないように思われる。(注26)

むしろ，本件では，覚せい剤100gの代金を80万円とする合意が形成されているのみであり，1g当たり8千円又は本件覚せい剤の値段を64万円とする取り決めがあるわけではないから，当事者間の意思解釈として，本件覚せい剤の代金相当額を観念し，これが64万円であるとする原判断は自明とはいえないように思われる。(注27) 金銭の可分性や不特定物性は，本件において対象財産を限定すべきことにはつながらないと考えられる。

(注20) 平野龍一ほか編・注解特別刑法5－Ⅱ〔第2版〕医事・薬事編(2)〔覚せい剤取締法〕213頁〔香城敏麿〕

(注21) これに対し，樋口亮介「没収・追徴」山口厚編・経済刑法384頁，同「没収・追徴」法学教室402号132頁は，報酬財産＝対価性，取得財産＝因果関係と理解することが適切であり，犯罪行為によって物の移転が惹起された取得財産といえるためには，物の移転に対して犯罪行為が先行する必要があり，前払代金には犯罪行為からの因果性が認められないから，報酬財産に該当するとする。

(注22) 松田・前掲（注7）690頁では，刑法197条2項の事前収賄罪における「公務員となった場合」と同様に，実行の着手を処罰条件的に位置付ける考え方が示唆されている。このような考え方によれば，約束の内容の一部にしか着手がない場合であっても，前払代金全体について条件が満たされているといえるのかが問題となる。

（注23）　麻薬特例法５条，14条は，単発行為の犯罪構成要件に没収・追徴規定を適用した場合，個々の行為ごとに訴因との厳格なリンクが求められるとの理解を前提として，薬物犯罪収益の剥奪を徹底するため，不正な利益の獲得を目的として反復継続して行われる薬物犯罪については，個々の行為との結び付きが証明できなくても，総体として一定期間内に犯された薬物犯罪の収益であることの立証があれば足りるとし，立証面での手当ても行ったものである（古田佑紀ほか・前掲（注５）47，92頁，井上正仁「麻薬新法と推定規定」研修523号17頁，山口・前掲（注５）28頁）。

（注24）　特定物に関しては，井上＝西田・前掲（注14）42頁が，規制薬物を譲渡した見返りとして薬物の価額よりも相当に高額な絵画を受領するとともに，一定の金銭を譲受人に返還する場合，当該絵画は不可分財産であり，その取得と犯罪行為との因果関係が肯定される以上，その全体を没収できるとしており，経済的等価値性は要求されていない（当該絵画が善意の第三者に譲渡されるなどして没収することができないときはその価額を追徴することになろうか。）。これに対し，同41頁は，規制薬物を８千円で譲渡し，代金として釣りを渡して１万円札を受け取った場合については，譲受人において代金額に合致する金種を所持していなかったといった，薬物犯罪そのものとは無関係な他の理由によって，当該薬物犯罪収益８千円と一体となっている他の財産２千円を得たものであり，当該１万円札を特定物として把握してこれを没収すべきではなく，８千円という価値を取得したにすぎないと考えるべきであり，これに該当する特定の金銭が初めから存在しない以上，没収は不可能であり，８千円を追徴することになるとしている。

（注25）　例えば，DVD 全５巻シリーズを２万円に割引してまとめ買いしてもらう約束をし，在庫の保管場所の違いから４巻と１巻を別の場所から発送することとし，４巻分のみを送付した時点で検挙された場合，２万円全額を犯罪収益とみることを否定してはいないと思われる。

（注26）　本件では，起訴状及び判決において，代金80万円で覚せい剤100g を譲り渡すことを約束し，代金全額を被告人の指定した口座に入金させた上，その約束に係る覚せい剤の一部として本件覚せい剤を譲渡しようとした旨が摘示されている。このような記載は，罪となるべき事実として不可欠とはいえない

が，立証対象及び追徴の根拠事実の明示という観点から望ましいといえよう。

(注27) 被告人は，仕入先に頼まれて，Aとの取引を仲介していたBに対し，本件覚せい剤が手元に届いたら計量して足りない分を教えてほしいと伝えた旨供述している。

6 本判決の意義

（1）本判決は，検察官の判例違反の論旨について，事案を異にする判例を引用するものであると判示している。

所論や原判決の引用する【判例①】は，「薬物犯罪の犯罪行為により得た財産」の解釈適用について判示したものではあるが，規制薬物の売上金としての性質を有する財産のうち，罪となるべき事実として認定された薬物犯罪により得たといえる範囲が問題となった事案ではない。「薬物犯罪の構成要件に該当する行為自体によって犯人が取得した財産」という文言も，共犯者間で交付された経費等の薬物犯罪収益該当性という論点について消極説を採用したという事案に即した説示であり[(注28)]，本件の論点について必然的に原判決のような解釈を導くものとはいえないということであろう。

（2）その上で，本判決は，覚せい剤100gを代金80万円で譲渡するという約束に基づき，代金の支払を受けるとともに，その約束に係る覚せい剤の一部の譲渡の実行に着手したという事実関係を指摘した上で，「代金全額が，その約束に係る覚せい剤の対価として本件譲渡未遂と結び付いており，本件譲渡未遂を原因として得た財産といえる」と説示している。

代金支払と譲渡行為の先後関係は重要ではなく[(注29)]，本件のような事実関係の下においては，規制薬物の有償譲渡に係る約束に基づいて犯罪行為を実行し，その約束に係る規制薬物の対価として前払代金を得ているのであれば，全額を薬物犯罪により得た財産とみるのが相当であり，条文の文理にも反しないということであると解される[(注30)]。

（3）本判決には，三浦守裁判官の補足意見が付されている。その内容は次のとおりである。

「麻薬特例法2条3項の『薬物犯罪の犯罪行為により得た財産』は，薬物犯罪の犯罪行為を原因として得た財産をいうものと解されるが，ある財産の取得が犯罪行為『により得た』といえるか否かは，一般に，財産の取得の趣旨及び状況を踏まえ，財産の取得と犯罪行為との結び付き等の点から判断すべきものと解される。

規制薬物の有償譲渡については，譲渡行為の前に代金が支払われることもあるが，その先後にかかわらず，譲渡に関する当事者間の約束において代金の額等が定められ，これに従ってその代金を得たという場合，当該譲渡に係る犯罪が成立する限り，当該代金は犯罪行為『により得た』財産に当たるものと認められる。

本件のように，規制薬物の譲渡の約束に基づいて前払代金を得ながら，その約束の一部の規制薬物の譲渡が行われ又はそれが未遂に終わった場合も，犯罪行為に係る約束に基づいて財産を得た上で，その約束に沿う犯罪を行ったという点では基本的に同じである。この場合，犯罪行為の範囲と財産の範囲に差異が生じるようにもみえるが，この財産は，その約束に係る規制薬物の対価として一体的に犯罪行為と結び付いており，その財産の全体について犯罪行為により得たものということができる。

刑法19条1項3号の没収は，犯罪行為による不正な利得の保持を許さないなどのために，これを剥奪するものであり，その趣旨を徹底するために，同項1号，2号の没収と異なり，その対価として得た物も没収の対象とする（同項4号）とともに，これらを没収することができないときはその価額を追徴することができるものとしている（同法19条の2）。麻薬特例法の薬物犯罪収益等の没収・追徴（同法11条1項，13条1項）も，これと同じ趣旨によるものであって，その趣旨を更に徹底するために没収対象財産の拡大等を図っている。犯罪行為の基礎となる約束に基づいて取得した財産の全体を没収・追徴の対象とすることは，このような犯罪行為による不正利得の剥奪という法の趣旨に沿うものであることは明らかである。」

三浦守裁判官の上記補足意見は，法廷意見の背景にある考え方を敷衍したものであると解される。本件において，被告人は，覚せい剤100gを代金80万円で譲渡するという約束に基づいて前払代金を得た上で，その約束に沿って本件譲渡未遂の実行に着手したもので，代金全体が分かち難く薬物犯罪の犯罪行為と結び付いており，(注31) 没収・追徴が付加刑とその換刑処分であることを踏まえても，規制薬物の対価全額を薬物犯罪収益とみることが，条文の文理だけでなく，取得財産の没収・追徴の趣旨にも沿うとの見方を読み取ることができるように思われる。

（4）本件においては，代金80万円全額の前払が本件覚せい剤を譲渡する条件となっており，全額の前払がなければ被告人が本件譲渡未遂に及ぶことはなかったとみることができる。Aとしては，本件覚せい剤を取得するためには，80万円を支払わざるを得なかったという意味で，前払と本件譲渡未遂の間には条件関係があり，被告人は本件譲渡未遂を手段として代金全額を得たという説明も可能であるが，本判決は前払の条件には触れておらず，この点は結論を導く上で不可欠ではないと考えられたものと解される。本判決の考え方は，譲渡の条件として代金全額の前払が明示されていない場合（譲受人側の判断で全額を前払してきた事案等）についても妥当し得ることになろう。(注32)

他方，「覚せい剤の対価」という表現からしても，下級審裁判例で問題となったような，規制薬物とその他の物品を一括譲渡した場合の処理について，何らかの示唆を与えるものとみるべきではないだろう。(注33)

事例判断となったのは，規制薬物の有償譲渡は，本件のように，代金額と概算量を定めたもののほか，単位売買や継続的な取引等の態様が考えられるところ，実際の取引形態や約束の内容によっては，代金全額が「犯罪行為により得た」といえるか改めて検討すべき場合もあり得ると考えられたためではないかと推察(注34)(注35)される。

部分破棄方式を採用したのは，上告審として是正しなければ著しく正義に反する点は，追徴部分のみであると判断したためであろう。没収・追徴について部分破棄方式を採用した先例としては，最二判昭和62年12月11日刑集41巻8号352頁，最三判平成15年10月28日集刑284号477頁【判例②】がある。

本判決において示された解釈は，組織的犯罪処罰法上の没収・追徴にも妥当し，更には刑法上の没収・追徴にも及ぶことになると思われる。(注36)

本件は，事例判断ではあるものの，必要的な没収・追徴が問題となる規制薬物の譲渡事案における薬物犯罪収益の範囲について説示したものとして，意義があると思われる。

（注28）　上田・前掲平成15年度（注7）221頁

（注29）　仮に本件覚せい剤の譲渡が既遂に達していたとして，Aの資金不足等の事情から，譲渡の前に40万円が，譲渡の後に残代金40万円が入金された時点で検挙された場合であっても，80万円が薬物犯罪収益になるのではないかと思われる。

（注30）　本件の薬物犯罪収益を前払代金全額と解した場合には，後続の譲渡行為があった場合の処理が問題となり得る。本件覚せい剤の譲渡が既遂に達していたとして，その後，残りの覚せい剤が譲渡されてその行為も起訴された場合を想定すると，後続の譲渡行為は，本件覚せい剤の譲渡行為と包括一罪の関係に立つことが多く，併合審理された場合の追徴額は同じく80万円となるのではないかと思われる。

（注31）　検察官は，上告趣意において，「本件は80gと20gがそれぞれ異なる取引の合意に基づき別の機会に譲渡され，それらの代金がたまたま一括して支払われたような事案とは異なり，100gを代金全額前払で譲渡するという，一つの合意に基づき，本件覚せい剤が先行送付されたものであるところ，当該合意とその一部履行である本件覚せい剤の送付行為との間には，不可分一体の極めて強固な因果関係が認められる」旨主張していた。このように，80万円の前払と本件譲渡未遂はいずれも1個の合意に基づくからという説明も可能であると思われるが，契約の個数に関する議論との整合性は問題となり得る。

（注32）　逆に，条件付けがあるからといって，常に全体が薬物犯罪収益となるも

のでもないようにも思われる。例えば，適法な債権を回収するため，その債務の弁済をすれば覚せい剤を譲渡すると合意して，適法な債務の弁済とともに覚せい剤の代金の支払を受けた場合，覚せい剤譲渡を手段としてその債務の弁済を受けたといえなくもないが，弁済額を含めて薬物犯罪収益とみることについては異論のあり得るところであると思われる。

(注33) 異なる規制薬物（例えば，覚せい剤と麻薬）を有償譲渡する約束に基づき，代金全額の支払を受けたが，譲渡の実行に着手したのは覚せい剤のみであった場合には，麻薬特例法の構成要件上，覚せい剤とその他の規制薬物の譲渡が別個の薬物犯罪として規定されていることなどから，同列に論ずることはできないという見方も成り立ち得る。

(注34) 改めて検討を要する事例としては，例えば，1g8千円とし，取りあえず100g分として80万円を送金するが，調達できなかった場合にはその分の金額を返金するという条件が取り決められていた場合が考えられる。また，1g8千円とし，ひとまず80万円を送金し，毎月末日締めで譲渡した合計量分の代金額を差し引く継続的取引が行われていた場合は，80万円全てが没収・追徴の対象になるとは限らず，個別の譲渡約束の主張立証が必要となるのではないかが問題となり得る。

(注35) これに対し，仮に，本件において，覚せい剤100gを代金80万円で譲渡するという合意が形成される過程で，1g当たり8千円という話が出ていたとしても，薬物犯罪収益は80万円であり，64万円又は63万80円となるものではないようにも思われる。

(注36) ただし，組織的犯罪処罰法の前提犯罪の範囲がかなり広範であることからすると，前払代金について刑法上の没収・追徴が問題となる余地は少ないように思われる。また，本判決の射程範囲ではないものの，「複数の機会にわたり行われることが予定されている犯罪行為について，報酬の前払を受けたが，当該犯罪行為の一部の実行に着手したにとどまった場合であっても，前払報酬全額について没収・追徴できるか」という論点を考えるに当たっては，本判決との整合性が問題となり得る。

(後注) 本判決の評釈として知り得たものとして，澁谷亮「判批」研修862号27頁，京藤哲久「判批」令和2年度重要判例解説124頁，和田俊憲「判批」論究ジュリスト37号226頁，桑島翠「判批」法律時報93巻9号148頁，神例康博「判批」新・判例解説 Watch 29号203頁，西村翔太「判批」警察公論76巻3号88頁，久保英二郎「判批」立命館法学396号398頁がある。

（内藤　恵美子）

裁判月日索引

最高裁判所判例解説刑事篇（令和元年度）　　書籍番号 210201

令和４年３月20日　第１版第１刷発行

編　　集　一般財団法人　法　曹　会
発 行 人　門　田　友　昌

発 行 所　一般財団法人　法　曹　会

〒100-0013 東京都千代田区霞が関１-１-１
振替 00120-0-15670番・電話 03-3581-2146
http://www.hosokai.or.jp/

落丁・乱丁はお取替えいたします。　印刷・製本／大日本法令印刷

ISBN 978-4-86684-084-0